元代戲班優伶生活景況

— 以元佚名《藍采和》雜劇為例

陳萬鼐 著

文史哲學集成

文史哲出版社印行

國家圖書館出版品預行編目資料

元代戲班優伶生活景況：以元佚名《藍采和》
雜劇為例 / 陳萬鼐著 -- 初版 -- 臺北市：
文史哲, 民 98.08
　頁;　　公分（文史哲學集成；571）
含參考書目
ISBN 978-957-549-862-7 (平裝)

1.戲曲史　2.元雜劇 3.演員 4. 戲曲評論

820.94057　　　　　　　　　　　　98014801

文史哲學集成　571

元代戲班優伶生活景況
— 以元佚名《藍采和》雜劇為例

著　　　者：陳　　萬　　鼐
出 版 者：文 史 哲 出 版 社
　　　　　http://www.lapen.com.tw
　　　　　e-mail：lapen@ms74.hinet.net
登記證字號：行政院新聞局版臺業字五三三七號
發 行 人：彭　　正　　雄
發 行 所：文 史 哲 出 版 社
印 刷 者：文 史 哲 出 版 社
　　臺北市羅斯福路一段七十二巷四號
　　郵政劃撥帳號：一六一八○一七五
　　電話886-2-23511028 ・ 傳真886-2-23965656

實價新臺幣三二○元

中華民國九十八年（2009）九 月初版

ISBN 978-957-549-862-7　　00571

緣起　緣落 代序

　　我數年前，耗了兩年時間，研究元佚名《漢鍾離度脫藍采和》雜劇，涉獵到許多關於元代戲班的資料，結撰一本二十餘萬言：《以人文主義觀點從藍采和雜劇研究元代戲班及優伶生活景況》。際此經濟景氣低迷，要付諸梓行，大非易事。為使「功不唐捐」，遂摭拾書中重點，採單篇方式發表；先後數年在國內有關戲曲、考古、音樂、美學專刊，揭載了十篇蕪文：如（一）〈元佚名藍采和雜劇著作年代及其傳本考〉（國家圖書館館刊）……等等。加上我現在本書以「緒論」似的：〈藍采和傳記與藍采和雜劇本事〉，便結集成這本「小冊子」。原稿中還有許多細微末節戲班文化瑣事，及元人民俗生活習慣，曲辭解詁，與我生活經驗中對劇藝的見聞，概未闌入。接受蕪文刊載的期刊，有五種載有戲曲歷史圖版，及古戲臺田野採訪的照片；現在網站普及，版權公開，讀者如有興趣，隨手在網站上查閱。我實因精力不濟，難以插圖，至希鑒諒。

　　民國五十五年（1966），承亞洲協會中國學術著作獎助委員會，獎助我戲曲處女作：《元明清劇曲史》出版一千冊，是兩岸三地的第一本以音樂介入古劇的圖書，不到五年銷售一空，原書540面，隨即《增訂本》732面，印刷了n版，近年我怠於經營，

坊間已無此書出售。這書是我對元曲研究初次接受學術團體與社會人士對我的考驗，應算是我對元曲研究的「緣起」！

　　後來，我學習的興趣，轉向於史學、目錄學、音樂學、科技史及出土音樂文物的考古，在如駛的駒光中，數十年也著述了專書 24 本、論文 164 篇，在國際學術界自有評價。現在，我將《藍采和雜劇研究》出版，當然是我壓軸的一本著述；並且我將一生系統收藏的四千餘冊圖書，及視聽資料，全部贈送國立臺灣師範大學音樂研究所，寫作生涯自然告一段落。我遊學無根，學習興趣廣泛，也發表了若干專著，從不曾以專家學者自負不凡：在學術途中；但對元人雜劇，卻結了不解之緣，而相終始，當年以雜劇研究為「楔子」，如今又以雜劇研究為「煞尾」，唱完我學術生命中一臺好劇；是故為之「緣落」！

　　本書得以出版，萬分感謝文史哲出版社發行人彭正雄兄的厚愛。在經濟海嘯未定之天，不以牟利為目的，出版我這種不合時宜的冷僻書，而且還熱心出版類此書種，默默奉獻；是我們讀書寫作者的「精神燈塔」，與值得欽佩及尊敬的出版家！

陳萬鼐序於稗塘書室時年八十三歲

元代戲班優伶生活景況
——以元佚名《藍采和》雜劇爲例

目　錄

壹、〈藍采和〉傳記與
《藍采和》雜劇本事

一、〈藍采和〉傳記

　　佚名《藍采和》雜劇本事，應取材於北宋。李昉（925-996年）《太平廣記》卷廿二〈神仙〉「藍采和」傳記：（註一）

　　藍采和，不知何許人也？常衣破藍衫，六銙黑木腰帶，闊三寸餘。一腳著靴，一腳跣行。夏則衫內加絮，冬則臥於雪中，氣出如蒸，每行歌於城市乞索，持大拍扳，長三尺餘，常醉踏歌，老少皆隨看之。機捷諧謔，人問，應聲答之，笑皆絕倒，似狂非狂。行則振靴唱踏歌：「踏歌藍采和，世界能幾何？紅顏一春樹，流年一擲梭。古人混混去不返，令人紛紛來更多！朝騎鸞鳳到碧落，暮見蒼田生白波。長景明暉在空際，金銀宮闕高嵯峨。」歌詞極多，率皆仙意，人莫之測。但以錢與之，以長繩穿，拖地行，或散失，亦不回顧。或見貧人，即與之，及與酒家。周遊天下，人有爲兒童時至及斑白見之，顏狀如故。後踏歌於濠梁間酒樓，乘醉。有雲鶴笙簫聲，忽然輕舉於雲中。擲下

靴衫腰帶拍扳，舟舟而去。（出續神仙傳）

此傳稱「藍采和不知何許人也？」而在《太平廣記》篇次，將他排列在唐代人羅公遠的後面，他穿著「破藍衫」，腰間繫著闊三寸餘，六銙黑木腰帶。根據「六銙」這個名辭，它是唐代的帶具，「庶人銙鐵」，他卻銙黑木，也間接表示他的時代，與唐代相關。

佚名的《藍采和》雜劇劇情，非常忠實敷演《太平廣記》，除本事外，在劇中許多曲辭，還特別渲染。譬喻他多大年紀？在《太平廣記》中：「人有為兒童時至及斑白見之，顏狀如故！」這在《藍采和》雜劇曲辭，用【雙調·沽美酒】（唱）：「喒須是吾兄我弟，幼年間逐隊相隨。止不過逢場學藝，出來的偌大年紀。這個道七十，那個道八十，婆婆道九十，這廝淡則淡到長命百歲。」同時劇中也唱著〈青天歌〉這道家的小曲，深加深了人生要淡泊鮮名利，即時行樂，「莫恁愁眉常戚戚，但只開口笑呵呵！」

「藍采和」是民間八仙吉祥之神，位列神仙。元雜劇作者將他虛擬為「梁園棚」的班主，本名許堅，經營戲班，由於作者對於戲劇工作職場環場熟悉，將所見所聞，既詳且實，藉本劇以告知後世人，成為逾 700 年劇場史「活化石」。他本著戲曲美學直觀、感情、想像原理，構成這部以道家思想的度脫劇。

（一）《藍采和》與明人《秋風三疊》雜劇 (註二)

明·來集之號元成子，蕭山人（浙江蕭山縣），生卒年不詳，崇禎十三年（1640 年）進士。官安慶府推官，遷兵部主事。精於易學，尤工戲曲，所著《秋風三疊》雜劇，其中有〈藍采

和〉、〈阮步兵〉、〈鐵氏女〉三折短劇。其〈藍采和〉與元雜
劇《藍采和》，名同實異。來集之〈藍采和〉搬演仙人陳陶，隱
其真名，渾稱「藍采和」。一日，藍采和在長安市上看演傀儡
戲。戲中演《中山狼》、《揠苗助長》、《趙禮讓肥》、《七里
灘》、《舉案齊眉》、《范張雞黍》等六折。……劇畢，眾客問
道人飲酒食肉否？欲以剩餘酒食與之。道人云：我飲的是玉液金
波，食的是瓊芝玉草。眾七驚！社長以為道人瘋癡。道人云：汝
癡我非癡。長歌一曲，皆醒俗之言，化金光而去。

接陳陶字嵩伯，劍浦人（福建南平縣）。屢舉進士不第，頗
負壯懷，遂恣遊名山，隱居不仕，自稱「三教布衣」。南唐昇元
中（937年間），避難入洪州西山，學神仙咽氣有得，出入無間，
忽一日不見，後相傳白日昇天而去！（註三）陳陶工詩，有文錄
10卷傳於世。

（二）藍采和道行及其劇品

元·彭致中輯《正統道藏》〈太玄部〉卷9「鳴鶴餘音」。
仙家類〈藍采和〉小令：

【雙調·水仙子】西風賽舞綠羅袍，每日階前沉醉倒，頭
歪裏烏紗帽。金錢手中拋，鬥爭奪忙殺兒曹。狂歌唱，擅
扳敲，子是待要樂樂陶陶。

又、同上書卷，雲龕子〈藍采和〉小令，

【中呂·迎仙客】藍采和離世俗，手中拍扳敲寒玉。擺天
關，搖地軸，清風明月獨唱長生曲！

明。祁彪佳《遠山堂劇品》〈雅品〉藍采和雜劇：

藍采和北四折。度脫藍采和境界平常，詞於淡中著色，有

不衫不屐之趣！

二、《藍采和》雜劇本事（註四）

　　佚名《藍采和》雜劇，是以元代演「雜劇」戲班的組織與經營為背景，搬演當代伶人生活詳細情形，是研究戲班史很珍貴的材質。這齣戲演汴梁（今開封市）「許家班」。班主姓許名堅，藝名「藍采和」（正末）、妻子喜千金（旦）、兒子小采和（徠兒）、媳婦藍山景（外旦）、姑表兄弟王把色（淨）、姨表兄弟李薄頭（淨），共同組織一個戲班，稱為「梁園棚」，生意興隆，甚獲觀眾好評。一日，道士鍾離權（沖末）號正陽子，八洞神仙之一。因赴天齋已畢，觀見下方一道青氣沖天，見得伶人許堅，此人有半仙之分，直至下方引度此人──「指開海角天涯路，引得迷人大道行。」

　　一日，王把色開了「勾闌」（戲班、劇園）門，準備演出。忽見鍾離坐在「樂床」上；便道：「這個先生，你去那『神樓』（包廂）上或『腰欄』（散座）上看去。這裡是婦人『做排場』的，不是你坐處！」鍾離祇說要見末尼藍采和說話，藉機「找碴」（現代語找麻煩）。藍采和與士夫喫茶回班，得知此事，還以為王把色衝撞了他，便道：「稽首老師父」；鍾離道：「你那裡散誕去來？」便要藍采和報戲名、點戲（相當於「點唱」）。藍采和報了七個文武雜劇名目，鍾離均不滿意，逼得藍采和道：「小人其實本事淺，感謝看官相可憐！」於是二人發生口角，鍾離便勸藍采和出家，受用快活。藍采和也光火了：「兀那潑先生，今日攪了俺不曾『做場』（演錢），若是明日再來打攪俺這

衣飯，我選幾個大漢，打殺你這潑先生！」「先生」就是元代民眾對「道士」（群居在觀宇中的道人）的稱呼。鍾離一番度化，因為「那廝愚眉肉眼，不識貧道」，明天再來。（第一折）

次日，藍采和和50歲生辰，親戚朋友同行，都送來禮物添壽，大家喫起酒來，歡天喜地似的。鍾離來了，在「勾闌」門首，大哭三聲、大笑三聲，藍采和雖然覺得鍾離欺人太甚，但也不願計較，說：「著老的（指輩份高的）便道：你是個上戲臺的末尼，和那風魔先生一般見識！」又因這天是好日子，自己五十初度，是個「壽星」，也不想惹是非；偏偏鍾離說他是個「災星」，不如從他出家清閒快樂。那知這時候，祇候（衙役）傳喚藍采和「官身」（去衙門服義務役）。藍采和：「著李薄頭去」、「不要」；「著王把色、引著粘旦色去」、「都不要」；「祇要藍采和去！」他祇得別了眾人，「我去官身走一遭去！」那知這官府的「州官」，卻是鍾離的徒弟呂洞賓（裝孤），奉法旨幻化的。拘來了藍采和，「你知罪麼？不遵官府，失誤官身，拿下去，扣廳打四十，準備了大棒子者！」嚇得了藍采和魂不附體，正無可奈何之際，適時鍾離出現，「我救了你，你可跟我出家麼？」「救了我情願出家！」藍采和便出家了：「再不將百十口火伴相將領，從今後十二瑤臺獨自行。」（第二折）

藍采和喚「官身」一去不回，妻子喜千襝等人，無可奈何苦苦撐著戲班，生意蕭條，因為沒有主角，演戲也沒人要看了！眾人還計議如何尋找藍采和的下落！……不知經過了多麼久？藍采和變了一個人，唐巾綠衫，悠哉遊哉，打著拍扳，身旁跟著一群

孩子（倈兒）嘻嘻呵呵出現了。孩子們奪他的拍扳，拆破他的綠衫，一直嚷著：「師父與我一文錢！」喜千金見了他道：「這不是藍采和，你在那裏來？〔回〕家去罷！」「稽首，妳都是誰？」「我是你渾家，這是你兄弟，這是你孩兒。」藍采和卻心無罣礙，已不關心這些人間的俗事。喜千金懇求他回「勾闌」裡，演幾場戲，賺個幾盤纏回鄉，他毫不在意，卻為大家唱〈青天歌〉：「踏踏歌，藍采和，人生得幾何？紅顏三春樹，流光一擲梭！埋的埋拖的拖，花棺舉彩形成何用？箔捲像臺人若何。生前不肯追歡笑，死後看人唱挽歌！遇飲酒時須飲酒，得磨跎處且磨跎。莫恁愁眉常戚戚，但只開口笑呵呵！營營終日貪名利，不管人生有幾何、有幾何？踏踏歌，藍采和。」他又回首一些前塵往事，看破紅塵，這舞臺生涯，爭得你死我活，不如看一卷《道德經》，守分隨緣安樂清閒過活。（第三折）

　　自從藍采和出家去了，已三十年光景，喜千金九十歲，王把色八十歲，李薄頭七十歲，都老了，做不得營生，他們年小的「做場」，與他們擂鼓打鬧臺。這時藍采和功成行滿，與師父同赴瑤池閬苑，大好幽哉！他一路看來杏花爛熳（春），一池好菱（夏），一塊好霜（秋），一片好雪（冬），怎生四時失序了？原來駒光如駛春、夏、秋、冬四季，在他的神仙眼中，祇是一剎那而已。耳聽下方一片鼓樂之聲，展眼一觀，原來是一個無名器（聲）「衝州撞府」的流動戲班，正在打鬧臺開場演戲。他問道是那家「行院」（戲班）？原來就是他的「梁園棚」，已淪落到這種地步，而且大家都是老人家，還說：「我去了祇三年光景，你怎生都老了也！」「你正是中年，還去勾闌裡做幾日雜劇卻不

好！」於是藍采和也接納大家意見，想起自己當年「那時我對敵，不是我說嘴。我著他笑嘻嘻，將衣服花帽全新置。舊么麼（古雜劇）、院本我須知，論同場本事，我般般會。」王把色還說：「哥哥你那做雜劇的衣服等件不曾壞了。」他內心歡喜，正要上裝，一揭開帳幔，祇見鍾離權、呂洞賓端坐在內，使他倉皇失措；「許堅你凡心不退裡那？」「你不是凡人，乃上八仙數內『藍采和』是也，今日功成行滿，同登仙界。」（第四折）

　　題目　引兒童到處笑呵呵　老神仙攜手醉高歌

　　正名　呂洞賓點化伶倫客　漢鍾離度脫藍采和

　　簡名　藍采和

【附　註】

一、宋李昉《太平廣記》，民國六十年，臺北市，明倫書局。

二、董康《曲海總目提要》，一九二六年，北京，人民出版社。

三、元辛文房，《唐才子傳》，民國五十年，臺灣，商務印書館。

四、元佚名《漢鍾離度脫藍采和》，民國五十二年，臺北，世界書局，《全元雜劇三編五冊》。明趙琦美校注本。

貳、元佚名《藍采和》雜劇的著作年代及其傳本考

　　《藍采和》雜劇是元代無名氏的作品。這本戲劇是以元代戲班伶人生活情形為背景，以民間「八仙」故事為題材，是當時超脫世俗，慰藉抑鬱心靈的神仙度脫劇。劇本著述年代不詳？但可以根據該劇的曲辭中，所提到當時正在上演的七種戲劇，這七種戲劇有的作家、生平事跡可考；所以，推測到它的著作年代，大致是西元 1293 年，即元世祖忽必烈至元三十年（1293），並可將此年代上下游移五年，即 1288-1298 年，較是接近事實的年代。本文又將上世紀《藍采和》雜劇發現年代，及現存四種板本，一併敘述，以便讀者參考。

一、前　言

　　《藍采和》雜，它的題目「引兒童到處笑呵呵，老神仙攔手醉高歌」；正名「呂洞賓點化伶倫客，漢鍾離度脫藍采和」，《藍采和》便是它的簡名。此劇是以元代（1206-1368 年）戲班優伶生活情形為背景，利用中國民間故事「八仙」人物為題材，

搬演元代入主中原，以部族思想腠削人民，造成社會階級不平等，文人生活情緒低迷時代，為逃避現實，寄託心靈，超然物外的「神仙道化」劇。

　　《藍采和》雜劇作者姓名不詳，著作年代亦不詳？自抗日戰爭期間，明藏書家趙琦美（1562-1624）《脈望館鈔校本古今雜劇》二百四十二種發見後，該劇被列為元、明間無名氏作品。然而從劇本中，有鍾離權「點戲」的曲詞，就提到當時流行的雜劇七種（或六種），這七種雜劇，有的可以考證作者的生平事蹟，即可推測《藍采和》雜劇相對之年代，及從劇本結構的「宮調」（音樂）、「套數」（樂章）、「曲韻」（聲樂）種種特殊關係，也可以推測作家的大致年代。該劇知見著錄凡四種，傳本一種，景印本至少兩種以上，茲特一併贅述。

二、《藍采和》雜劇的本事 (註一)

　　《藍采和》雜劇，可以說是以戲演「戲」——劇中劇。劇中表演一個伶人，姓許名堅的班主，藝名「藍采和」。他妻子喜千金，兒子小采和，媳婦藍山景，姑舅兄弟王把色，兩姨兄弟李薄頭，全家人都是以戲劇為職業組織而成的「共同生活戶」。戲班名「梁園棚」，地點在汴梁（今河南省開封市），他劇藝精良，深受觀眾歡迎！雖然藍采和是個班主，也是平凡的百姓家，誰知道他竟有半仙之份？一日，大羅神仙鍾離權下凡，化身為一道士——當時元朝人稱道士為「先生」——到梁園棚看戲要度化藍采和。鍾離權首先是亂坐位子，後來要「點戲」，要指定演某戲，總之，處處找碴滋事而已。當藍采和五十生辰那一天，他又

到戲班門口，大哭、大笑三聲，亂講一些犯忌諱的話。後來，藉藍采和延誤「官身」，就是耽誤了官府支配應服的義務役，被判扣廳責四十大棒子，嚇得藍采和魂飛魄散！那知這官府的官員，是鍾離權的徒弟呂洞賓幻化的；這時鍾離權出現，度脫藍采和出家，就免了責罰。他便拋棄了妻子兒女及全班的好伙伴，隨鍾離權而去，從此，許家班少了主角，淪為第三流的流動戲班了。

駒光如駛，眨眼三十年過去了，喜千金九十歲，王把色八十歲，李薄頭七十歲，老了做不得營生，他們年小的作場，便與他們擂鼓助陣。這時藍采和已修真得道，赴瑤池歸來，聽見人間一片樂聲，下界一觀，原來是一個無名器的戲班，正在演戲；不料這戲班就是他原來的「梁園棚」。他見到眾伙伴都老了，他仍然是當年模樣，一點不曾老。大家勸他演幾齣戲，賺點盤纏也好返鄉，他也應允了。迨他到後臺上妝，揭開帳幔，祇見呂洞賓、鍾離權兩位神仙，端坐在帳內，說道：「許堅你凡心不退里那？」「你不是凡人，乃上八仙數內藍采和是也！今日功成行滿，同登仙界。」這劇便落幕了。

《藍采和》雜劇，是依託民間八仙，象徵吉慶之神敷演而來，在元代算是非常流行，以度脫為主流的劇種。其本事重要根據，是宋人李肪《太平廣記》（註二）卷二十二〈神仙〉「藍采和」傳記而來。劇中許多情節，都櫽括在這傳記中，不過它將故事寄託在當時戲班的背景裡，無形中流傳下來許多戲班生活真實情況，使我們對於元代伶人們生活有了深刻的認知；同時它還是海天孤本，覺得十分珍貴，便使後世人，對該劇本的著作年代，與作家年代，產生探索的興趣！

三、「點戲」的緣由與意涵

　　「點戲」這個名辭，一般讀者可能對它陌生。舉一個最淺顯的例子說：如三五好友相聚，一同至餐館小酌，第一件事便是「點菜」，或是由餐館拿出「菜單」，由客人指定菜餚；「點戲」這名辭，如同「點菜」的性質了。

　　國劇大師齊如山〈京劇之變遷〉一文，有云：「教坊記云：『演戲所司先進曲名，上以墨點名，即舞，不點者，則否，謂之進點。』上戲之『點』字，當即出此。前清宮內演戲之制，未演戲前，亦進戲目於上，與唐時略同。」可見戲班早已流傳「點戲」的風尚。元朝戲班對於雇客（包括官府及廣義的觀眾）似有提報本戲班能上演戲目之義務，雇客也似乎有「點戲」之權利，從宋、元南戲時代以迄明朝初年雜劇時代，戲班還流行著。如《宦門子弟錯立身》南戲，熱戀戲班女主角的宦門子弟延壽馬，召王家班女伶王金榜來衙門書房小唱，王金榜便報了廿七個戲目，如「一個負心王魁，孟姜女送寒衣，脫像雲卿鬼做媒，鴛鴦會卓氏女，郭華因為買胭脂，瓊蓮女船浪舉，臨江釋內再相會。」……這些都是戲目。還有明朝朱有燉《劉盼春守志香囊怨》雜劇，愛慕良家子弟周恭的行院女伎盼春，也為周恭報了三十一個戲目，任由周恭選擇；後來周恭說：「這〈玉盒記〉正可我心，又是新近老書會先生做的，十分好關目，……大姐便做這個傳奇，俺看賞一回。」上述這些戲目，在元鍾嗣成《錄鬼簿》（戲劇解題書目）中，大率可以查得到，可見事實如此。

　　關於元朝的「點戲」，在當代大戲劇家關漢卿《錢大尹智寵

謝天香》雜劇，看到一則實例。劇演開封府尹錢可，為了好友的
面子，想替歌伎謝天香除「樂籍」（古代官伎都列花名冊管
理），藉喚「官身」傳謝天香來府唱曲子。天香云：「告宮
調」？錢可云：「商角調」。「告曲子名」？「定風波」！這時
天香就開始唱「定風波」這闋曲子。〈定風波〉是北宋詞家柳永
的傑作，屬「商角調」一百字體，原詞用「歌戈韻」；現在，徵
引部分詞文為例（註三）：「自春來慘綠愁紅，芳心事事可可。
日上花梢，鶯穿柳帶，猶壓香衾臥。暖酥銷，膩雲嚲。終日厭厭
倦梳裹。無那，恨薄情一去，音書無個！（下半從略）這詞的上
半片的「可」、「臥」、「裏」、「個」等字，是周德清《中原
音韻》第十二部「歌戈」韻。錢可選這闋詞，就是要謝天香唱出
「芳心事事『可可』」，錢可便用犯官員名諱來懲處她，要迫使
她同意與錢可好友成親。當天香正待唱出「可可」時，衙役張千
便咳嗽一聲，使個眼色，聰明智慧的謝天香，便唱成「已已」
（可已也），因為「已」字是《中原音韻》第四部「齊微」韻，
所以，全詞的「臥」字改唱為「睡」字，「裏」字改唱為「洗」
字，「個」字唱為「寄」字，……對於原詞意義沒有絲毫改變，
不失韻腳，不差平仄，不亂宮商，這完全是大作家關漢卿文字遊
戲的功力，也讓我們對於元朝「點戲」，得到正確概念。

四、《藍采和》雜劇中所涉的七種戲目

《藍采和》雜劇第一折，鍾離權「點戲」，藍采和便「數
（ㄕㄨㄛˋ）戲目」給鍾離權去選擇，這一段曲詞如此：

〔末〕（藍采和云）：「師父，你要做甚麼雜劇？」

〔沖末〕（鍾離權云）：「但是你記的，數來我聽。」

〔末〕（藍采和云）：「我數幾段，師父聽咱」（唱）

【仙呂·油葫蘆】：「甚雜劇請恩官望著心愛的選（鍾云）你這句話敢忒自專麼？（藍唱）俺路岐每怎敢自專，這的是才人書會嶄新編。（鍾云）既是才人編的，你說我聽。（藍唱）我做一段于祐之金水題紅怨，張忠澤玉女琵琶怨。（鍾云）你做幾段脫剝雜劇。（藍唱）我試數幾段脫剝雜劇，做一段老令公刀對刀，小尉遲鞭對鞭，或是三王定政臨虎殿。（鍾云）不要，別做一段。（藍唱）都不如詩酒麗春園。」（接唱）

【天下樂】：「或是做雪擁藍關馬不前，（鍾云）別做一段。（藍唱）小人其實本事淺，感謝官看相可憐。……」

（以下節略）

　　這段曲辭，藍采和一共數了七個戲目：（一）于祐之金水題紅怨、（二）張忠澤玉女琵琶怨、（三）老公刀對刀、（四）小尉遲鞭對鞭、（五）三王定政臨虎殿、（六）詩酒麗春園、（七）雪擁藍關馬不前。這七個劇名，有的在鍾嗣成《錄鬼簿》中查得，或是有傳本、殘曲，有的查不到，須用到考證，因間接從已知的劇家的生平事蹟，可推測到《藍采和》雜劇著作的年代。

　　任何行業發展到相當程度，就會利用它的資源，宣傳它事業的成績。元人雜劇與明人雜劇、傳奇，數說戲目，是不是也因這邏輯的誘導，以誇大他們演藝內涵的豐富。現代相聲名家吳兆南、魏龍豪，所表演的相聲「離婚記」（註四），數說一對夫妻鬧離婚，用中外電影的片名為口語，講出彼此歷年從戀愛到結

婚，以及婚變到離婚經過的情形，其節目二十分鐘，用上了千種電影片名，一氣呵成，令人聞之感覺中外電影卻如此之多，又能如此完整收集，串成故事口白實足驚人！

五、鍾離權點戲的戲目考

鍾離權「點戲」，藍采和「數戲」，這段曲詞也許是劇作家無所用心提及，而我們後世人卻將它視為當年最流行的戲劇，將它作為研究元代戲班重要史料，值得詳細考索。茲就所數戲目本事與作家生平敘述於下：

（一）于祐之金水題紅怨

1.馬廉《錄鬼簿新校注》（註五）著錄：該劇白樸作。題目「于祐之金水送情詩」，正名「韓翠顰御溝流紅葉」，簡名「流紅葉」。按此目實為范氏天一閣藍格本《錄鬼簿》著錄。

2.傅大興《元雜劇考》（註六）著錄：曹本《錄鬼簿》（指曹棟亭本）、《寶文堂書目》、《今樂考證》、《曲錄》著錄此劇正名。《太和正音譜》、《元曲選目》著錄簡目「流紅葉」。此劇不見傳本。

該劇原收輯於《永樂大典》雜劇十八，已佚。現存殘曲見於《太和正音譜》、《盛世新聲》、《詞林摘豔》、《雍熙樂府》、《博山堂北曲譜》、《北詞廣正譜》、《九宮大成南北詞宮譜》七書。趙景琛《元人雜劇鉤沉》（註七）輯有〈韓翠顰御水流紅葉〉殘曲【正宮・端正好】一折。

3.元・李文蔚有《題紅怨》一劇，孟本《錄鬼簿》（指孟稱

舜本）著錄：金水橋題紅怨，六折。顯然與本劇類名實異之劇，
且佚。

「于祐之金水題紅怨」這雜劇，就是「紅葉傳情」故事，堪
稱「中國情書之祖」，從前看到西式信紙信封，印有一片「紅
葉」，旁有英文 Red leaves，用者不知，竟用此信封信紙與他
（她）爺爺、奶奶通信，頗令人發噱！這劇本事：唐僖宗
（874-888）宮女韓氏，以紅葉題詩，自御溝流出，為于祐之所
得。于亦題一葉投溝上流，韓氏亦得而藏之。後帝放宮女三千
人，于適娶韓，既成禮，各於笥中取紅葉相示，乃開宴曰：予二
人可謝媒人。韓氏又題一詩云：「一聯佳句隨流水，十載幽情滿
素懷。今日卻成鸞鳳友，方知紅葉是良媒。」這故事普遍傳誦，
見於《侍兒小名錄》、《雲溪友議》、《北夢瑣言》、《太平廣
記》；本節採自《太平廣記》（已附註二），以合於「于祐之」
名字。

白樸（註八）字仁甫（1226）又字太素，號蘭谷，本籍隩州
（山西河曲縣），後流寓真定（河北正定縣）。父白華字文舉，
仕金為樞秘院判（金史卷一一四有傳）。白樸幼年失峙，七歲適
「壬辰」之亂（1232），元兵攻汴，明年金亡；白華隨金哀宗完
顏守緒出奔。白樸鞠養於通家父執元好問家，遂摯北渡。白樸因
受元好問薰陶，讀書穎悟，為後進之翹楚，及長絕意仕進。中統
（1260-1264）間，東平五路萬戶史天澤，屢薦於朝，堅辭不就，
壯遊大江南北。至元一統後，徙家金陵，與遺老輩寄情詩酒。暮
年北返故里，以子白賁而貴，贈嘉議大夫、太常禮儀院太卿。元
皇慶元年（1312）尚在世，享壽八十六歲以上，著有《天籟集》
行於世。又作雜劇十五種，現存二種：《唐明皇秋夜梧桐雨》及

《裴少俊牆頭馬上》。世人以元曲四大家之一稱之，以其年代與造詣論之——關、白、馬、鄭為妥。白樸高華雄才，情深文明。

（二）張忠澤玉女琵琶怨

該劇為元初劇作家庾天錫（吉甫）所作。

據馬廉《錄鬼簿新校注》著錄：《琵琶怨》簡名。注：「曹、孟二本作玉女琵琶怨。」《今樂考證》，《曲錄》著錄正名。《太和正音譜》、《元曲選目》著錄簡名。該劇已佚，亦未見殘曲傳於世，本事亦未見有書籍涉及，我非常誠懇希望本稿審查的學者、專家有本領批評原稿，對此，給一點指引；在沒有得到指導之前，此節也未能空白，原諒我旁稽曲籍，試探索它的本事，也未知「胡謅」到了甚麼地步：

宋元南戲，有佚名《琵琶怨》一種，有人將它比著庾天錫的《琵琶怨》，更有人將它與馬致遠《青衫淚》雜劇並坍，因未敘述理由，暫時不便相信。我懷疑張宗澤為劇中男主角的名字，類似傳說中蔡伯喈忘恩負義的人物，不然會怎令「玉女」抱琵琶怨呢？在關漢卿〈散套〉（註九）中：「敗葉紛紛擁棄石，修竹珊珊掃窗紗。黃昏近，愁生砧杵，怨入琵琶。」描寫一位操持砧杵井臼的婦人，抱著琵琶，感慨自己遇人不淑。最明顯的，還有元中葉孫季昌【正宮・端正好】套曲〈集雜劇名詠〉（相當於本稿第四節相聲「離婚記」）「尾聲」有云：「後庭花歌殘玉樹聲，琵琶怨淒涼不忍聽：比題橋相如特寡情，秋胡不老成。想則想，關山遠路程，恨則恨，衣錦還鄉不見影！」所謂「寡情」、「不老成」，都是指責對方不講道義，不念舊情，另結新歡。明朝朱

有燉《劉盼春守志香囊怨》雜劇，那劉盼春數戲目時，也提到「有一本寄恨銀箏怨。」「箏」與「琵琶」是兩種不同形式的撥弦樂器，在古代文學家常常將它混稱。白樸有一劇簡名《銀箏怨》，但不能與該劇相提並論，它有正名「薛瓊瓊月夜銀箏怨」，當然與「玉女琵琶怨」不相干，反而接近於《香囊怨》雜劇的戲目。從元朝到明朝都有人提到此雜劇，可見它影響世道人心，是相當深刻的。我猜想該劇可能是明初五大傳奇中《蔡伯喈琵琶記》未有改寫以前，它是一個「五雷轟頂蔡伯喈」的故事。明徐渭《南詞敘錄》〈宋元舊編〉南戲目錄，有「趙貞女蔡二郎」注云：「即舊伯喈棄親背婦，為暴雷震死，里俗妄作也，實為戲文之首。」它相當於現代京戲「鍘美案」——趙五娘琵琶尋夫，陳世美不認前妻。

庾天錫字吉甫，大都人（北京市）。省部員外郎，除中山府判，所作雜劇十五種俱佚，現存散曲小令七首、套數四種。天錫曲詞創作力，與關漢卿並列。貫雲石《陽春白雪序》云：「關漢卿、庾吉甫造語妖嬌，卻如小女臨懷，使人不忍對殢。」《錄鬼簿》賈仲明弔馬致遠詞：「漢宮秋、青衫淚、戚夫人、孟浩然，並庾白關老齊眉。」即讚置馬致遠與庾天錫、白樸、關漢卿是四大巨擘，可見庾的年紀在三大家伯仲之間。馬致遠他參考年齡生於元憲宗蒙哥元年（1251），卒於英宗至治元年（1321）之間，得年七十餘歲。庾天錫介於他們年齡中，應無疑義。

（三）老令公刀對刀

藍采和唱：「老令公刀對刀，小尉遲鞭對鞭。」我曾懷它是一個劇本：一個是「老」，一個是「小」；一個是「刀」，一個

是「鞭」，為了曲詞對仗，就如此掛搭在一起？但它也並不是完全不可能是兩個劇本？我也不放棄這個假設，先敘述「老令公刀對刀」吧。

《元曲選》戊集，收有朱凱雜劇一本，這是一個孤本，沒有第二種板本。它的簡名「昊天塔」，題目「瓦橋關令公顯神」，正名「昊天塔孟良盜骨」。該劇演宋代楊門虎將故事（最近新上演一部電視劇「楊門虎將」）。楊業——「老令公」（正末扮），被困虎口交牙峪，命喪兩狼山，宋將孟良赴幽州昊天塔盜令公骨殖，劇中口口聲聲稱楊業為「老令公」，在他劇中少有此稱呼。並說「他家裡有個使金刀的。」【雁兒落】曲：「他叫做楊令公手段能。」該劇內容瑣碎，被京劇取材編成了四劇：「托兆」、「碰碑」、「洪羊洞」（分六郎歸天、孟良盜骨）、「五臺會兄」，都是傳統老戲，不是新編本。「老令公刀對刀」是否就是此劇？請視為「假設」，待看到了「小尉遲鞭對鞭」本事，也許會認為用「老令公」是屬修辭學問題。

朱凱字士凱，籍里不詳。自幼沉默與人寡和，擅製小曲，有《昇平樂府》等書著述。所作雜劇二種：《劉玄德醉走黃鶴樓》與本劇目，皆傳於世。他與鍾嗣成是好朋友，鍾著《錄鬼簿》，有他至順元年（1330）九月作的序文。嗣成生於世祖中統十一年（1275）前後，卒於至正五年（1345）以後，年七十餘。朱凱年代應該與鍾嗣成不相軒輊。

（四）小尉遲鞭對鞭

明臧懋循《元曲選》丙集，輯有佚名的〈小尉遲〉雜劇簡名。它的題目「老尉遲鞭對鞭當場賭勝」，正名「小尉遲將鬭將

認父還朝」。該劇搬演唐代將軍尉遲敬德,為定陽王劉武周的部將,降唐後,遺有一子名尉遲保林年三歲,託院公宇文慶撫育,後認劉季真為父,改名劉無敵。20 年後,敬德奉命與劉季真作戰,劉無敵迎戰。臨出兵前,宇文慶告知劉無敵真實身分,為尉遲敬德親生子。並將敬德當年留下的披掛,其中有一條「水磨鞭」;父子對陣時,「兀的水磨鞭信物在此。」於是父子在陣上對上「虎眼竹節鞭」,骨肉親子相認,保林擒劉季真投唐。劇中情節與「小尉遲鞭對鞭」脗合,因為提出「水磨鞭」對證,是小尉遲保林。

該劇與元羅貫中小說《說唐演義》,第 63、64 回故事大致相同。如伍雲召之子伍登為朱燦收養,改名朱登,兩相比較:伍雲召為尉遲敬德,伍登(朱登)為尉遲保林(劉無敵),宇文慶為秦瓊,劉季真為劉黑闥,其密合如此。

該劇四折,曲詞與聯套,與元人雜劇早期作品程度相當,似應為早期元人之作。然而此劇有另一板本,為明趙琦美脈望館《鈔校古今雜劇》,題目「老尉遲鞭對鞭父子團圓」,正名「小尉遲將鬬將認父歸朝」。有趙琦美「乙卯年(萬曆四十三年,1615)四月廿一日校內府本」手記。清錢曾《也是園書目》著錄,為明朝內府演戲「唐朝故事」本。臧懋循《元曲選》輯本,應與原劇本接近,是一齣正經戲,在內府伶工演戲,就粗製濫造了。茲以第一折劉季真上場詩為例,《元曲選》本為:帥鼓銅鑼一兩敲,轅門裏外列英豪。三軍報罷平安喏,緊捲旗旛再不搖。」內府本前三句相同,第四句改為「一夜夫妻百日恩」,簡直荒唐無稽。《元曲選》本,梓板於萬曆四十四年(1616),顯然是一種正式傳唱的流行腳本。該劇作家無考。

（五）三王定政臨虎殿

　　「三王定政臨虎殿」此劇，在任何曲目著錄之書所未見。但我相信《藍采和》雜劇之作者，是對戲曲有修養之士，決無誑言，使我不敢否認它非雜劇戲目。

　　藍格本《錄鬼簿》、《太和正音譜》、《元曲選目》在關漢卿著作劇目中，有「立宣帝」一目。曹本《錄鬼簿》、《今樂考證》、《曲錄》在劇目中「丙吉教子立宣帝」；《錯立身》南戲唱：「丙吉殺子立宣帝」，「殺」字為「教」字之誤（見永樂大典南戲原鈔本）。「立宣帝」與「三王定政臨虎殿」有否相干？我因對漢代歷史頗有興趣，先後發表〈漢代音樂文化〉蕪文二十餘篇（載師大音研所學報、美育月刊、故宮月刊等），尚覺得是有蹤跡可尋，特抒管見，就正此道專家！

　　據漢班固《漢書》（註一〇）卷十八〈宣帝紀〉：宣帝劉詢是武帝劉徹的曾孫。生數月遭「巫蠱」事，太子、皇孫皆遇害。劉詢襁褓中，猶繫邸獄。廷御監邴吉憐劉詢赤子無辜，使女徒乳養，私給衣食，視遇有恩。「巫蠱」事數年不決，劉詢賴邴吉照護，受到良好教育，在民間十八年之久，深知閭里姦邪。武帝子昭帝劉弗陵崩，無嗣。霍光建議皇太后，立武帝孫昌邑王劉賀為嗣君。劉賀立二十七天，大行宣帝尚未殯葬，他就荒淫無度，用「樂府」樂器「擊鼓歌吹作俳唱」。現四川成都天迴山漢墓出土「擊鼓說唱俑」，就是漢俳優的實證。劉賀如此昏庸，霍光等便廢除劉賀，迎立詢入宮，是為宣帝。本始元年（前 73）宣帝即位，詔曰：「故丞相安王侯敞等，居位守職，與大將軍光，車騎將軍安士，建議定策，以安宗廟。」所謂「故丞相」就是楊敞，

他是史學家司馬遷的女婿，「大將軍光」就是霍光，他是驃騎將軍霍去病的弟弟。「車騎將車」就是張安士，他是醢吏張湯之子。此三人正是「三王」，他們「建議定策，以安宗廟」，豈不是「三王定政臨虎殿」，如果考證不錯，該劇實是關漢卿的「丙吉教子立宣帝」這本雜劇了！

漢代是將「三王」並列的，如《漢書》卷六十六〈楊敞傳〉云：「楊敞為軍司馬，霍光愛厚之，後遷御史大夫，昭帝代王訢為丞相，與霍光廢昌邑王立宣帝，即位月餘而薨，諡敬侯。」因此詔書稱「故丞相。」又《漢書》卷六十八〈霍光傳〉云：「丞相臣敞，大司馬大將軍臣光，車騎將軍臣安士。……」就是廢劉賀立宣帝劉詢的「定政」關鍵大臣（漢書稱「定策」）。

關漢卿號已齋叟，大都人。官本太醫院尹，正相當於現代著者的一本書名：《大醫院的小醫生》。他是全才的戲劇家，所作雜劇 60 餘種，現存 17 種。他的生卒年代，迄今難作肯定，但非金兼遺民，其生在蒙古太宗乃馬真后稱制元年，與定宗海迷失后稱制三年之間（1241-1250），卒於延祐七年以後，泰定元年以前（1320-1324），這是趙景琛《元人雜劇鉤沉》引孫楷第的證論。

（六）詩酒麗春園

「詩酒麗春園」這本雜劇，有三個可疑的作者？劇本也失傳了。

1.馬廉《錄鬼簿新校注》著錄作庾天錫作。題目「宋公明火伴梁山泊」，正名「黑旋風詩酒麗春園」，簡名「麗春園」。注云：「案曹本作蘇小春麗春園，王本春作卿，注云，卿原作春，從鈔本。孟本作麗春園甘州者。太和正確譜作麗春園二本。高文

秀、王實甫均有此目。」

2.同上書著錄高文秀作。題目「宋公明火伴梁山伯」，正名「黑旋風詩酒麗春園」簡名「麗春園」。此劇目與庚天錫所作完全相同。但《太和正音譜》作高文秀「次本」，就劇之題目觀察，似為草莽性戲曲。

3.同上書著錄王實甫作，簡名「麗春園」。注云：「案曹本作詩酒麗春園，太和正音譜作麗春園、二本。孟本不載此目。高文秀，庚吉甫均有此目。」

以上三位作家庚吉甫、高文秀雜劇題目、正名相同，但有「次本」之分，假定他們是同名異實之作。王實甫僅作「詩酒麗春園」一目，在《藍采和》雜劇中，藍云：「我試數幾段脫剝雜劇」；鍾離云：「不要！別作一段。」藍便唱：「都不如詩酒麗春園」。「脫剝雜劇」是武劇，大概像現代京戲「夜戰馬超」，兩個演員光著膊子對打；既然不要武劇，那麼「詩酒麗園」就是幽雅的文戲，況且王實甫作曲的風格，是文采派——綺麗纖穠系的大作家。

王實甫名德信，大都人，生平不詳。元周德清《中原音韻》將他劃在泰定元年（1324）前已逝世作家，自非孫楷第《元曲家考略》（已注 8）所說，他是元官至中書省右丞知經筵官事王結的父親。王實甫以《西廂記》雜劇享譽於世，共有四十多種板本流傳。宮天挺（1260-1329）《范張雞黍》雜劇中，第一折【哪叱令】中一段曲白，涉及《西廂記》：「〔王仲略〕云：「春秋這的是莊家種田之事，春種夏鋤，秋收冬藏，咱秀才每管他做甚麼？」〔正末范巨卿〕云：「不是這等說，是讀書的《春秋》。」〔王仲略〕云：「小生不曾讀《春秋》，敢是《西廂

記》？」從這段曲白，表示王實甫的年代，比宮天挺為早。古典
劇類似旁證引用前人劇目，判斷作家先後年代，也是考據方式之
一，如佚名《留鞋記》雜劇，有一曲詞云：「有待月鶯鶯不姓
崔」，又「到我楚館塵昏玉鏡臺」，表示此劇在《西廂記》與
《玉鏡臺》兩劇之後的作品。

（七）雪擁藍關馬不前

「雪擁藍關馬不前」該劇疑為趙明道所作，明道亦作明遠。
錢曾《也是園書目》著錄趙明遠「韓退之雪擁藍關記」；高儒
《百川書志》著錄有「韓文公雪擁藍關記、二卷」，疑為小說，
未載作者姓氏。紀君祥著有《韓湘子三度韓退之》，簡名「韓退
之」。《藍采和》雜劇第一折，藍采和唱【油葫蘆】數雜劇名用
「先天」韻，為合轍押韻，將趙明道《藍關記》唱成「雪擁藍關
馬不前」。

唐，韓愈（768-824）左遷至藍關示姪孫韓湘詩（註一一）：
「一封朝奏九重天，夕貶潮陽路八千。欲為聖朝除弊事，肯將衰
朽惜殘年。雲橫秦嶺家安在？雪擁藍關馬不前。知汝遠來應有
意，好將吾骨瘴江邊。」據劉昫《舊唐書》（註一二）卷一百六
十〈列傳〉一百一十「韓愈傳」云：「鳳翔法門寺，有護國真身
塔。塔內有釋迦文佛指骨一節，其書本傳法，三十年一開，開則
歲豐人泰。（元和）十四年（819）正月，上令杜英奇押宮人三十
人，持香花至臨皋釋迎佛骨，自光順門入大內，留禁中三日，乃
送諸寺。王公士庶奔走捨施，惟恐在後。百姓有廢業破產，燒頂
灼臂，而求供養者。愈素不喜佛，上疏諫。……疏奏，憲宗（李
純）怒甚。間一日，出疏以示宰臣，將加極法。……乃貶為潮州

刺史。」

　　1987 年西安扶風縣法門寺重修佛塔，清理地基時，發現數千件佛教文物，而珍藏其中的佛指舍利，也重見於世。民國 91 年（2002）經由臺灣佛光山寺啟請佛指舍利來臺供養瞻禮（註一三），於 2 月 22 日啟駕蒞臺，3 月 31 日返施西安，先後 37 天，駐錫臺灣大學體育館，三峽金光明寺，高雄縣佛光山寺，供信徒膜拜，約二萬餘人參加法會，稱為「佛指舍利千年再現」，旨在宏揚佛陀智慧慈悲象徵，對自覺反省淨化人心，有無上功德存在。

　　趙明道亦作趙明遠，大都人。曾作雜劇二種：《牡丹亭》與《范蠡歸湖》。《錄鬼簿》賈仲明對他的弔詞有詳細敘事：「鍾公鬼簿應清朝，范蠡歸湖手段高。元貞年裡《昇平樂章》歌汝曹，喜豐登雨順風調。……」按《昇平樂章》即朱凱的《昇平樂府》，其中收集了趙明道的曲子。元朝元貞、大德年間（1295-1307）是元統一中華已 20 餘年了，政局相對穩定，經濟亦趨繁榮，民生樂利，稱得上是「雨順風調」的豐登時代，元人雜劇也因勢利導，發展開來；明道的曲子在「茶坊」、「勾肆」活絡起來，大家都愛唱聽他的曲子。由此可見趙氏是「元貞年裡」的作家，大致與朱凱同時，年齡但比朱凱長一些，所以朱集子裡才會收集到他的作品。

六、《藍采和》雜劇著作的年代推測

　　根據上節所述七劇（或六劇，三、四可能是一劇），所涉獵到的劇作家，有些是有生卒年可考的，有些是有事跡可考的，有

些是有相關資料可以佐證的，由於這些質材，對推測《藍采和》雜劇著作年代，有相當裨益。如白樸的生卒年代為 1226-1309 年（據吉川幸次郎《元雜劇研究》（註一四）附錄年表）。庾吉甫是關漢卿、白樸、馬致遠「齊眉」的老朋友，他們年齒相若，求其年代「中數」（統計中數），似為 1240-1318 年。朱凱序鍾嗣成《錄鬼簿》正確年代是 1330 年；鍾的生卒年代，大致在 1275-1345 年。關漢卿年代，大致在 1245-1322 年。王實甫年代，在周德清《中原音韻》成書於 1324 年，馬致遠已是「典型」人物；宮天挺作《范張雞黍》雜劇，提到《西廂記》，宮卒於 1329 年，兩者大致相若的。趙明道是「元貞」年間民俗曲藝家，享譽於時，生活在 1313 年毫無疑義。以上這些作家都很健康長壽，並非「七十古來稀」之人。根據這些標本相當保守推測，白樸年紀最長，朱凱寫序年代最晚，先後為 1226-1330 年已達一百年。白樸不可能拿著劇本來脫胎，他寫《紅葉怨》雜劇，最早也在 1251 年遊順大之後，看到帝京景物，聯想到御溝題紅葉故事，便在 1256 年，年三十歲開始寫作！比較有可能性。

　　基於上述觀點，《藍采和》雜劇著作年代，似應於 1256-1330 之間，較可能的「中數」是 1293 年，這時正是元世祖忽必烈汗至元三十年（1293），也是元代雜劇作家最旺盛之年，雜劇的傑作都產生於此際會之中，作家亦多北方大都籍人氏。我推測《藍采和》雜劇著作年代，並非完全肯定在 1293 年，最好還讓它有五年（或十年）前後游移年代，那麼它與上述各種條件都契合了！

七、《藍采和》雜劇時代相關因素

人文科學的研究，除了用科學（包括「樸學」）方法考據它以外，而它的本體就具有若干建構的實證材質的因素存在，這種邏輯性的模式，過了這段時期，便成為「後現代主義」；所以《藍采和》雜劇的年代，就普遍存在有當年元人雜劇共同的基因，由這些因素解析，對於它的年代研究與作者寫作的意境、時代，也有一定的幫助。現在從它的「宮調」、「套數」、「曲韻」三方面作一探索。

（一）《藍采和》雜劇的宮調選擇

鄭騫師《元刊雜劇三十種》（註一五）本，是現代傳世唯一未經後人妄加改動的曲集，保存元雜劇本原始面貌的第一手資料。它雖數量不多，而含蓋面卻也相當廣泛，堪作研究元曲比較的範本。

首先，就《元刊雜劇三十種》「宮調」方面比較，除楔子不計，第一折用【仙呂宮】占 100％；第二折用【南呂宮】占 37％；第三折用【中呂宮】占 47％、【正宮】占 13％;第四折用【雙調】占 53％。《藍采和》雜劇：第一折用【仙呂宮】；第二折用【雙調】；第三折用【正宮】；第四折用【南呂宮】，它應用的「宮調」有 75％，都與當時「宮調」相符，證明它也算是相當模範形式的。

「宮調」（註一六）就是一隻曲子終了的「結聲」問題。如一曲其結聲於五音的「宮」聲，就稱為「宮」；結聲於五音的

「商、角、徵、羽」聲，就稱為「調」。音階被用為曲調的「主音」不同，則曲調的神情便不相同，各具調性的涵吟。元人雜劇祇用五「宮」——正宮（相當於西樂的 C 調）、中呂宮（降 E 調）、南呂宮（G 調）、仙呂宮（降 A 調）、黃鐘宮（降 B 調）；四「調——大石調（D 調）、雙調（F 調）、商調（降 B 調），雖與黃鐘宮是「等音音程」，因由無射主調，前者是一度音起調，後者是二度音起調」、越調（C' 調）。這些都是溝通中西音樂的常識。

（二）《藍采和》雜劇的聯套模式

「宮調」是由各個單隻曲子（如「點絳唇」）所構成，這種組織的模式，稱為「聯套」或「套數」，相當西洋音樂的「樂章」。【點絳唇】它們也稱「曲牌」或「曲牌子」，是一小小的曲體，由唐詩、宋詞演變而來，經過歷代試唱、試聽，而情趣盎然。本宮的「曲牌」與他宮的「曲牌」，在字句、長短、韻律各不相同，形成各個「曲牌」的樂語各自結構、與其相互間產生聯絡、對比、韻律各不相同，形成各個「曲牌」的樂語各自結構、與其相互間產生聯絡、對比、呼應等等關係。這隻「曲牌」的精氣神，是寄託在創格曲譜人的手法上；「曲譜」用來歌唱的稱「宮譜」（俗稱「工尺譜」），用來填曲的稱「詞譜」，前者如清朝莊親王允祿纂修的《九宮大成南北詞宮譜》，後者如清李玉輯的《北詞廣正譜》。

「聯套」（註一七）即由「曲牌」聯絡而成，有沒有規範可循？大約按當代風氣習慣，用十餘隻曲子最普遍，二十隻以上就極少，可是佚名《蕭何月下追韓信》雜劇第四折祇用三隻曲子，

算是特例。《藍采和》的聯套：第一折【仙呂·點絳唇】套數用
了八隻「曲牌」，它與佚名《隨和賺風魔蒯通》雜劇相似（多
「金盞兒」一曲）；第二折【南呂·一枝花】套數用了七隻「曲
牌」，它與鄭廷玉《包待制智勘後庭花》雜劇相似（多「牧羊
關」二曲）；第三折用【正宮·端正好】套數用了六隻「曲
牌」，它與佚名《朱太守風雪漁樵記》雜劇相似（多「脫布衫」
二曲）；第四折【雙調·新水令】套數用了八隻「曲牌」，它與
石君寶《李亞仙詩酒曲江池》雜劇相似（無「慶東原」、「沽美
酒」，有「沉醉東風」、「雁兒落」）。上述對比的四種雜劇，
鄭廷玉與石君寶都是元雜劇早期名劇作家；《蒯賺通》與《漁樵
記》雖作者佚名，而劇的本身是最優質的，一直流傳後世。尤其
《漁樵記》現代上海崑劇團仍在搬演，曾來臺灣國家劇院獻藝，
受到觀眾歡迎，還有精美的錄影帶發售。

　　由於上述「聯套」情形，可以推測《藍采和》雜劇的作者，
可能是元「蒙古時期」後世紀，「一統時期」前世紀，似可假定
為西元 1260-1305 年在劇壇生活的人？

（三）《藍采和》雜劇曲韻的特色

　　元曲因歌唱的關係，幾乎每句都須用韻，加上句未的四聲界
限不嚴，更足以增加曲詞的流暢感。現代研究元劇用韻，以周德
清《中原音韻》（註一八）為準，該韻書分為 19 部，是當時歌場
所用北方聲韻，而且多用關、白、馬、鄭作品用字彙編而成。
《元刊雜劇三十種》各劇用韻，以「江陽」韻比率最高，占全部
12 ％，以下依次「庚青」韻占 11 ％，「魚模」韻占 9 ％，「支
思」、「齊徵」、「蕭豪」、「尤侯」各占 8 ％，「皆來」、

「先天」各占 7％，「寒山」、「家麻」各占 4％，「真文」、「歌戈」、「車遮」、「侵尋」各占 3％，「東鍾」占 2％。「桓歡」、「咸監」、「廉纖」為 0。檢討《藍采和》雜劇用韻：第一折用「先天」韻，第二折用「庚青」韻，第三折用「歌戈」韻，第四折用「齊微」韻，它的用韻，應算是很合乎時代潮流的。譬如《元刊雜劇三十種》呈 0 次出現的「咸監」、「廉纖」這類閉口韻，在元末明初就甚流行，說明文藝的風尚如此。《藍采和》不僅用韻合律，而且還許多特點，試舉一、二例如下：

一位作曲高手，它的劇情構思，會獨具匠心以外，在宮調選擇，聯套的佈置，講求合律，尤其在填詞方面，往往會用些「險韻」，讀之感覺拗口，但在韻書中一查，是符合聲律規矩的，由這方面表現了作者才華　令人暗中欽佩。《藍采和》雜劇作者，是否果然如此，很難確定是非？至少我可以舉出一、二則供讀者欣賞。《藍采和》雜劇第二折曲詞：

〔末〕（藍采和唱）：【南呂・一枝花】「白蓮插玉瓶，黃篆焚金鼎。斟一盃長壽酒，掛一幅老人星，來賀長生。感承你相欽敬，量小人有甚麼能？動勞你火伴鄰里街坊，謝承你親眷相知弟兄。

這隻曲子用「庚青」韻（中原音韻十五部），「兄」字在此曲詞中讀來格格不入，可是它在「庚青」韻陰平中合律，算是特殊用韻，恐怕是填給「內行」看的。「兄」（ㄒㄩㄥ）字在《詩韻集成》（註一九）為下平聲「八庚」韻；宋蘇東坡〈送張軒民寺丞〉詩：「與子相逢亦弟兄」。在元朝曲家杜善夫，寫〈莊家不識勾闌〉描寫元代戲班經營管理散套，十分享名。他是東平路行軍萬戶嚴忠濟的門客。忠濟（註二〇）特授資德大夫中書左

丞，行浙江省務，卒於至元三十年（1293 年）。杜善夫被小人在忠濟面前進讒言，兩人產生嫌隙，後來杜善夫寫了一首〈謝嚴相〉詩：

　　高臥東窗興已成，簾鉤無復挂冠聲。

　　十載恩愛淪肌髓，祇說嚴家好弟兄。

　　可能就因為「好弟兄」展露了才情，重歸於好。嚴忠濟也擅作散曲，我想他也是戲迷，對《藍采和》這齣戲，可能很喜愛，作有【雙調‧壽陽曲】：「三閭些（讀「呵」音），伍子歌，名利場幾人看破，算來卻不如藍采和，被幾文錢，把這小兒瞞過。」（元史卷一四八列傳等書）這一條資料，對於我推測《藍采和》年代有些輔助作用，在嚴忠濟生前確曾見到藍劇上演，而且感慨世俗！

　　類似藍劇作家暴才揚已的文字，還有甚多，因恐篇幅有限，恕不詳贅。總之，《藍采和》雜劇作家雖然佚名，但劇中許多特質，足以顯示他的年代，傾向於元太宗窩闊臺取中原後，至世祖忽必烈汗一統初年的隱名劇作高手。

（四）《藍采和》雜劇的盛行

　　從以上各項看，《藍采和》雜劇在當年是相當流行的，除上述嚴忠濟【雙調‧壽陽曲】外，還有，元耶律鑄（1221-1285）父耶律楚材，是漢族免於被元人殺絕的阻諫恩人（見〈耶律公神道碑〉）。由金入元，善屬文，尤工騎射。父卒，嗣領中書省事，著有《雙溪醉隱集》（四庫全書本）卷六〈為閱俳優諸相贈優歌道士〉詩：

　　一曲春風踏踏歌，月圓明似鏡新磨。

誰遊碧落騎鸞鳳，記姓藍人是采和。

這首詩與宋李昉《太平廣記》藍采和傳的內容完全吻合，而《藍采和》雜劇也非常忠實於《太平廣記》的敷演，可見這段時間中（指本稿推測年代而言），是非常受到歡迎的戲曲。

八、現存《藍采和》雜劇板本考略

民國元年（「壬子歲暮」1912 年）王國維著《宋元戲曲考》（亦稱宋元戲曲史）時期，所徵引的元人雜劇，僅 116 種，亦即當年所流傳於世之元人雜劇數量。其中包含清黃丕烈士禮居舊藏《元刊雜劇三十種》，元臧懋循《元曲選》100 種，以及元王實甫《西廂記》雜劇刻本五種，以上三種曲叢去其名目相同重複者，合計如上數量；可見民國初年研究元劇資料，是非常貧乏的。考覈此種情形導致的緣因，是基於古代社會價值，與正統文學觀念，一般人士以科舉為正途出身，學優而仕，文人與官僚合為一體，鄙視小說、戲曲為市儈優伶手筆，「厥品卑微，作者弗貴」（四庫全書提要），元、明、清三朝正史《藝文志》皆不予著錄。然自民國 8 年（1919 年）四五新文化運動以來，小說、戲劇、民俗曲藝重新賦予文學地位，國內圖書館為供研究者需要，銳意訪求，以競張新潮流，文藝、戲曲、小說，收藏豐富，可惜鬱埋沉晦，迄至 20 年代，亦毫無所穫！

（一）《漢離鍾度脫藍采和》雜劇發現

民國十八年（1929 年）吳梅著《元劇研究》時（世界書局本），所知見元人雜劇，除與王國維所見相同外，稍增三種：

《豫讓吞炭》、《風雲會》、《赤壁賦》雜劇；前二種注「今藏江蘇第一圖書館」，後一種注「此種新發現」，未知出處？先是，民國 16 年（1927 年）江蘇省立國學圖書館（即吳梅所稱第一圖書館），遍查庫藏，發現浙江丁氏八千卷樓舊藏善本書中，有元明雜劇 27 種，收集整理輯印《元明雜劇》曲叢發行。其中屬元人雜劇者 19 種，明人雜劇者 8 種，此時新發現元人雜劇，非王國維所見者 5 種：《豫讓吞炭》、《風雲會》（為羅貫中著應為明劇）、《赤壁賦》、《藍采和》、《猿聽經》。難得《藍采和》雜劇發現，使我們對元代戲班史研究有了依憑與津梁。關於它的發現經歷與庋藏源流，請參考拙著〈中國近六十年來元明雜劇之發現〉（註二一）一文，茲將該劇刻本列舉如下：

（二）《藍采和》雜劇現存板本

1.古名家雜劇本

舊題「明玉陽仙史」輯，署「萬曆十六年（1588 年）龍峰徐氏梓行」。根據楊家駱師考證，「玉陽仙史」為王驥德別號，精於曲學，著有《曲律》一書行於世，明天啟四年（1632 年）以前卒。清嘉慶年間（1796-1820 年）顧修《彙刻書目》卷十七著錄金、石、絲、竹、匏、土、革、木八集，每集收雜劇 5 種共 40 種。其中元人雜劇 27 種，明人雜劇 13 種，在元人雜劇中，並沒有《藍采和》雜劇？致誤原因，是此曲叢後有續輯，名曰《新續古名家雜劇》，板式與《古名家雜劇》完成相同，不詳考各種書目，則難以辨其正誤！

《古名家雜劇》及其《新續古名家雜劇》，究竟收有元明雜劇多少種？明趙琦美《脈望館鈔校古今雜劇》中，就有 55 種，去

其重複顧修《彙刻書目》10 種以外，實得 45 種；如果加上《新續古名家雜劇》本 20 種，及尚知其目未見其書 13 種，在目前至少是梓行 78 種，且有甚多為顧修《彙刻書目》所收之未備者。

《古名家雜劇》本行款：每半葉 10 行，行 21 字，劇中科白用小字，低一格，行 20 字。匡高 20 公分，寬 16 公分，白口、單欄、板心記雜劇簡名，簡名下有「四卷」二字，即此劇「四折」之意，下記葉碼。每種首行刻該劇總題（正名），次行刻作者姓氏，如不知姓氏者，全行或半行作「墨釘」（即留有木板未刻塊板，待知道姓氏後，再行補刻）。第三行刻「折數」，然後本文開始。全劇終了，最後二行刻「題目」與「正名」。字體楷書端凝，板面極為整飭。脈望館的藏本，書中有趙琦美硃筆圈點，類似句逗，因非戲曲專門學者，偶有句點錯誤之處；各劇或有跋語記事簡單，無關於版本宏旨。

現知見《藍采和》雜劇傳本，皆稱「古名家雜劇」本。脈望館藏本經趙琦美標記於首行書眉「淘真類道」數字，及曲詞錯字改正與句點。

2.新續古名家雜劇本

根據上述顧修《彙刻書目》卷十七著錄宮、商、角、徵、羽五集，每集收雜劇 4 種共 20 種，其中元人雜劇 15 種，明人雜劇 5 種，板本行款與《古名家雜劇》相同。該曲叢宮集第四目為《漢鍾離度脫藍采和》，實為本稿論著主體之劇。何以此劇不收入正集中，卻被視為《古名家雜劇本》？按孫楷第〈述對是園舊藏古今雜劇〉一文（此文係專為發現脈望館雜劇而作，長達數萬言），及國立北平圖書館接收脈望館藏曲時，亦鑒定為《古名家雜劇》，實因《古名家雜劇》與【新續古名家雜劇】板式完全相

同，同時也未發現顧修《彙刻書目》卷十七之著錄，沿訛襲誤，迄今未見訂正。近年許多新發現之書，往往見於顧修《彙刻書目》著錄，足見當年博採功深，有益於後世。

3.元明雜劇本

　　江蘇省立圖學圖書館景印舊刊本。此曲叢為錢塘丁氏八千卷樓舊藏善本，有丁丙（1833-1899 年）著《八千卷樓書目》二十卷。丁氏兄弟傳承祖業，生平喜藏刻鄉邦文獻。「太平天國」攻陷杭州，文瀾閣四庫全書慘遭破壞，丟棄滿街；丁丙暗中令人收拾，亂後將收拾各書，復歸還文瀾閣，又重出家藏補缺遺書，清廷以有功於石渠，欽加四品秩獎勵。後宣統三年（1911 年）丁氏家人經商失敗，不勝負荷巨額公私帑債，以 7 萬 5 千大洋之代價，售歸國家，當時成立江南圖書館庋藏，館址江蘇省鎮江市，現在稱南京圖書館特藏部。

　　《八千卷樓書目》卷二十，〈集部〉「詞曲類」，收元明清三朝散曲、雜劇、傳奇 270 種，有「《漢鍾離度脫藍采和》雜劇一卷，不著撰人名氏，明刊本。」該圖書館總目，凡屬八千卷樓舊藏之書，皆註明「丁書」字樣，不沒其實，軫念其功；且丁書多鈐有「吐芬室」、「世家」、「古雁宕里」、「吐芬居」等等藏書之章。該館影印《元明雜劇》二十七種不分卷，六冊，民國 18 年（1929 年）發行。該曲叢有館長柳貽徵跋，諸劇板本不一，就其行款考核，至少有四種板本。如《藍采和》、《羅李郎》二種，與《新續古名家雜劇》本，無一處不同。惟所題「宣德刊本」（1426-1435 年），大約是根據明周憲王朱有燉所著《香囊怨》雜劇年款，誇耀其為舊槧珍貴。該館總目 1959 年重印一次。

4.陽春奏本

明黃叔輯，卷首有于若瀛序，明萬曆三十七年（1609）梓行。此目見於《彙刻書目彙編》（請注意此書名），此書與上述顧修《彙刻書目》非同為一書，而為民國 16 年（1927 年）元月沈博元編，18 年上海醫學書局出版，無錫丁氏藏板，為罕見書目之一。

《陽春奏》分八卷，收元人雜劇 22 種，明人雜劇 17 種，未知是否是全帙？其卷二第四目《漢鍾離度脫藍采和》雜劇，現已佚亡，僅知此曲叢現存元戴善夫《風光好》、明羅貫中《風雲會》、元馬致遠《陳摶高臥》雜劇三種。此書原藏於北平圖書館，抗日戰爭，曾託美國華盛頓國會圖書館代管；此 202 箱善本圖籍；於民國 54 年（1965 年）春由美運回臺灣，經教育部核撥前國立中央圖書館代管。旋因央圖館長蔣復璁調任國立故宮博物院院長，即將該批善本圖書與故宮博物院合作，書即移交博物院管理，迨蔣復璁卸任院長後，書卻留存於博物院，未能歸建於現國家圖書館，給讀者不便，殊深遺憾！現《陽春奏》曲叢，庋藏於外雙溪故宮文獻處圖書館，可供世人參考，海天孤本，令人仰之彌高！至於《藍采和》雜劇影印本，排印本多種，因篇幅有限，恕不置論。

九、後　記

我於民國54年（1965年）在國立中央圖書館服務那段時期，也正是我對元人雜劇研究興趣最熾熱時期；次年，承蒙亞洲協會的中國學術著作出版獎助委員會，出版我的第一部戲曲史著作

《元明清劇曲史》1,000 冊（原書五百餘頁、五年內售罄，後有增訂本七百餘頁），不無鼓勵。同時工餘之暇，蒐集許多珍貴書目，成《元明清劇曲總目》（註二二）稿本一部，及清戲劇家洪昇、孔尚任研究多種，業已正式印行。……後來，我研究興趣轉向於音樂、律學，及天文、曆法、古代算學等研究，倏忽已三十餘年。現在，我對元佚名《藍采和》雜劇研究，等於走回頭路，又從學徒開始；而且我不知天高地厚，可能這些孺婦皆知的小問題，卻大作其「文章」，疏陋熟甚！俗話說：醜媳婦總得見公婆的面，既然脫稿，不管有沒有一丁點學術價值，必須面對現實，聽候專家、學者指教，總是有益之事。

【附　註】

一、元‧佚名《漢鍾離度脫藍采和》雜劇（臺北：世界書局楊家駱主編《全元雜劇三編》第五冊，1963），頁 2095-2124。

二、宋，李昉，《太平廣記》（臺北：明倫書局，1971），〈藍采和記〉，頁 151-152。

三、潘慎，《詞律辭典》（山西：山西人民出版社，1991 年），〈定風波〉詞 100 字體，頁 185-186。

四、吳兆南、魏龍豪，「影迷離婚記 Disc CD-R」，（臺北：《相聲集錦》有聲資料，龍說唱藝術群製作，未著年月）。

五、馬廉，《錄鬼簿新校注》（臺北：世界書局，1964），全書 138頁。凡如此附註即表示參考全書各節所敘述資料。

六、傅大興，《元雜劇考》（臺北：世界書局，1965），全書 429 頁。

七、趙景琛，《元人雜劇鈎沉》（臺北：世界書局，1964），全書 172頁，〈題紅葉〉，頁 6-10。

八、孫楷第，《元曲家考略》（臺北：里仁書局《元曲研究》第五篇，1984），〈白樸〉傳戊稿，頁 155-156。元代劇作家傳記，有各種說法，此詳彼略，未見肯定著述。本稿所敘述關漢卿、馬致遠、王實甫、庾吉甫，……諸家，係折衷各家較為可信者，參考書籍博雜，恕不再列舉書目。

九、傅惜華，《全元散曲》（臺北：中華書局，1969），全書1,924頁。

一〇、漢・班固，《漢書》（臺北：鼎文書局，1986），廿五史新校本。

一一、高涉瀛，《唐宋詩舉要》（臺北：學海出版社，1973），〈韓退之〉，頁 606。

一二、後晉・劉昫，《唐書》（臺北：鼎文書局，1989），廿五史新校本。

一三、「中國時報電子新聞專輯」（有圖版）下載，曾向中國佛教會查證。

一四、吉川幸次郎著、鄭清茂譯，《元雜劇研究》（臺北：藝文印書館，1960），〈附錄〉，頁163-175。白樸生卒年與註8有差異。

一五、鄭騫，《元刊雜劇三十種》（臺北：世界書局，1962），全書460頁。

一六、陳萬鼐，《中國古劇樂曲之研究》，（臺北：中山學術文化基金會獎助出版，1974），〈宮調〉，頁 31-53。這是一本研究中國元雜劇，明傳奇音樂的書，用西洋音樂樂理，解釋中國古代劇曲音樂。

一七、孫玄齡，《元散曲的音樂》（北京：文化藝術出版社，1988年），上冊〈附錄曲牌組織形式〉，頁 163-175。

一八、元・周德清，《中原音韻》（臺北：鼎文書局《歷代詩史長編二

輯》，1974），第一冊本，此板本校勘精審，為此書之冠冕。

一九、盧元駿，《詩詞曲韻總檢》（臺北；正中書局，1973），本書收
詩詞曲韻書五種，全書 327 頁。

二〇、陳衍，《元詩紀事》（臺北：鼎文書局，1971），全書 782 頁，
本稿引用元人詩文集資料甚夥，未予註記。

二一、陳萬鼐，〈近六十年來元明雜劇之發現〉（上、下）（臺北國立
故宮博物院，《圖書季刊》，2：1，2（1971.7，10）），頁
45-62，19-45。本文曾略有轉載，但原文有詳細附註，資料充
實。

二二、陳萬鼐，《元明清劇曲總目稿本》，全稿 1,679 面稿紙，著錄古
劇款目一萬六千條。每稿子目均有解題及現存板本記事；可惜，
未能取得出版機會，塵封三十年矣！本稿 21 所敘述《藍采和》
現存板本，言他人所未言，詳他人所未詳之事，嘗一臠而可知全
鼎矣。

本稿發表於民國九十四年六月，國家圖書館《國家圖書館
館刊》九十四年第一期，165-186 面。

參、八仙的美學

一、前　言

　　中國人都知道「八仙」，祂們是喜神，象徵吉祥如意，百事大吉大利。民間婚姻喜慶、祝壽誕生、開張鴻發，門簷上大都懸掛「八仙」的堆鏽，室內陳設「八仙」的繪畫、塑像、彩塑；尤其歌仔戲開鑼，必定是「扮仙戲」，代表祥和之氣，予人以喜悅感，沾光托福。「八仙」之名也許大家耳熟能詳，如問起祂們的根底，生平得道事跡，就會陌生？本稿特作扼要敘述，祝福讀者清吉平安。

二、元人雜劇中度脫劇的八仙

　　八仙是由漢、唐、宋、元、明歷朝仙家聚合在一起的，在我國傳說至少延綿千餘年的歷史。大約在十四世紀元雜劇時期，發展成熟，並普遍應用於度脫劇中。如元・馬致遠《呂洞賓三醉岳樓陽》雜劇；劇中表演岳陽樓下一株老柳樹，杜康廟前一株老白梅，因歲久成精，呂洞賓令柳、梅樹投胎，以脫土木形骸。後柳為郭姓男兒郭馬兒，梅為賀姓女兒賀臘梅，二人結為夫妻，在岳

陽樓下開茶館，……30 年後頓悟前因，行滿功成，呂洞賓前往度
脫，同登仙界。

這場雜劇結束前，（外扮鍾離引眾仙上云）：「郭馬兒你認
得眾仙麼？」〔郭馬兒云〕：「這位做官的鬍子是誰？」〔正末
呂洞賓唱〕：

> 【水仙子】這一個是漢鍾離，現掌著群仙錄，這一個是鐵
> 拐李髮亂梭。這一個是藍采和板徹雲陽木，這一個是張果
> 老趙州橋騎倒驢。這一個是徐神翁背著葫蘆，這個是韓湘
> 子韓愈的親姪。這一個是曹國舅宋朝的眷屬，則我是呂純
> 陽愛打簡子漁鼓。

> 【收尾】則我向岳陽樓往來經三度，指引你雙雙歸紫府，
> 方才識仙家日月長，不受人間斧斤苦。

> 【劇終】

元代在仁宗愛育黎拔力八達延祐（1314-1320）以前，民族意
識形態，與社會階級制度關係，都十分強烈，士人抑鬱有志難
伸，一時劇場中道家度脫劇興起，無異散發一種清涼劑，讓社會
大眾觀劇，得到片刻的精神寄託。元代道家度脫劇有十餘種，度
人之師有東華帝君、漢鍾離、呂洞賓、李鐵拐、馬丹陽諸人，度
脫劇終場用八洞神仙接引，同場歡慶，確有相當喜悅的效果，給
人類以永生希望。

三、八仙事跡

上述的八仙，似乎與現代的八仙略有不同，少了一位「何仙
姑」，多出一位「徐神翁」。何仙姑是八仙中的關鍵人物，祂的

出現，產生博物館的器物與繪畫斷代關係（詳見下文）。徐神翁我以為是秦始皇時代的徐福？他奉命赴東海尋「養神芝」，偕三千童男女一去不返。唐朝開元（713-741）年間，有人去登州孤島，致謁求醫理。至岸見一婦人洗藥云：中心床坐鬚髮皆白者徐君也。以黑丸數粒令食，痢黑汁其疾乃瘉。復與黃藥一袋，治一切病，玄宗李隆基令有疾者服之皆瘉（見神仙傳拾遺及廣異記）。所以「徐神翁背著藥葫蘆」，是一位大醫王的仙家。

現代，我們常見到的八仙，祂們是漢鍾離、呂洞賓、張果老、曹國舅、李鐵拐、韓湘子、藍采和、何仙姑。祂們是普通凡人，然而超凡入聖，成為仙家，故在人間有一段流傳的故事。

（一）鍾離權

鍾離權咸陽人（今陝西咸陽縣），號雲房，又號和谷子、正陽子。美髯俊目，身長八尺，歷仕漢魏晉，後於正陽洞修煉登仙，今稱「正陽帝君」（見明王圻續文獻通考）。又有云：鍾離權號雲房，唐末入終南山（集仙傳）。又有云：生而奇異，美髯俊目，身長八尺餘，棄世，於咸陽縣東40里正陽洞修煉登仙（大明一統志）。可是《全唐詩》輯有他吟咏的詩三首，他應該是唐代的人。

宋金之際，道教分南北兩大宗派，北宗盛行於金朝，傳承於元，歷朝君主崇拜北宗，即所謂「全真派」。其傳法的道統，先是鍾離權傳之於呂洞賓，呂傳之於王喆（重陽），王傳之馬鈺（丹陽）、邱處機，邱為元太祖忽必烈的「國師」。

「鍾離」是複姓，被稱為漢離鍾，大家以為他是漢朝的人；

實為漢將「鍾離眛」之誤。「漢鍾離」為唐代地名,杜甫詩:「近聞韋氏姝,迎在漢鍾離。」

（二）呂洞賓

呂洞賓名巖（亦作嵒）,山西平陽人（今山西臨汾市）。

1.《大明一統志》云:唐禮部侍郎呂渭之孫,兩舉進士不第,遇鍾離得延命之術,金丹之妙;遍遊湘鄂兩浙汴洛之間,出入隱顯,人莫之識,自號「回道人」、「四目生」,道號「純陽真人」。2.《唐才子傳》云:呂巖京兆人。咸通初（860年）中第,兩調縣令,更值黃巢之亂,浩然發棲隱之志,放跡江湖。至太華遇鍾離權,許以法器,因而著靈寶異法十二科,悉究性命之旨,坐廬中數十年,金丹始就。嘗白襴角帶賣藥於市中,得者皆成黃金－《岳陽樓》雜劇呂洞賓賣墨。3.《宋史》《陳摶列傳》云:華陰隱士李琪,自言唐開元郎官,已數百歲,人罕見者。關西逸人呂洞賓有劍術,百餘歲而童顏,步履輕疾,頃刻數百里,世以為神仙;皆數來（陳）摶齋中,人咸異之,以上三書都是正經、正史,傳誦其事,疑信之間,令人玩味。湖北武昌黃鶴樓,及湖南岳陽岳陽樓,民間皆盛傳「呂祖」顯聖之事。元人雜劇中,有關呂洞賓度脫雜劇5種,度化世人脫離魔障,不限某一個階層的人、物,極富於平民思想的宗教觀。現代理髮業奉為「行神」。

（三）張果老

張果河北真定人（今正定縣）。唐武后則天皇帝召之,即死;後有人復見於恆山山中。玄宗李隆基遣中書舍人李嶠齎璽書禮邀,乃至,舍集賢院,肩輿入宮,帝問治道神仙之事,欲以玉

真公主降（配）之，固辭。還山，號「通玄先生」（大明一統志）。《全唐詩》有張果詩。又有云：張果老隱於恆山、中條山，常往來汾晉間，時人傳有長生祕術。耆老云：兒童時見之，自言數百歲。常騎一白驢。日行數萬里，休則重疊之，其薄如紙，乘則以水噀之遂成驢。開元二十三年（738 年）玄宗遣通事舍人裴晤迎之（⋯奇異故事，從略）；天寶初玄宗又遣使徵召，果聞之忽卒！弟子葬之，後發棺，空棺而已（太平廣記）。八仙像中張果鬚髮皓然，故人稱為「張果老」。

張果老最令後人羨慕的，是祂那匹白驢，不吃不喝日行萬里，而且不佔空間，摺起來可以放在口袋裡。其薄如紙，乘則以水噀之遂成驢。如果這種道術，傳承於現代，我們就不怕空氣污染，石油漲價！元人雜劇中，有一本《張果老度啞觀音》，我想其中有一些「默劇」表演，可惜失傳了。

（四）曹國舅

曹國舅名佾，河北真定人。宋朝開國元勳曹彬之孫，他姐姐是仁宗趙禎慈聖光獻曹皇后，性慈儉、重稼穡、善飛白書；因鞠養英宗趙曙，趙曙即位尊為皇太后。神宗趙頊立，尊為太皇太后。后一生行事精明宮中肅然。嚴格外戚入謁（宋史）。曹佾性和易，美儀度，通音律、善弈射，封濟陽郡王，哲宗趙煦，加少保，卒年七十二歲，贈太師（宋史）。曹佾非常自重自愛，避嫌疑不以內親，逾越禮數。一日，趙頊云：「舅久不覲太皇太后，宜少憩內東門，朕當自啟。」已而奉命召人，趙頊先走，留點時間讓國舅姐弟談敘家常。后遽曰：「此非汝所當得留！請早退。」曹佾也是正人君子，不會拉裙帶關係，淡泊名利，難得這

位「皇帝娘」賢淑。曹佾事跡在《宋史》〈后妃‧外戚〉傳中，
全無神秘，未知如何列位八仙的寶座？清‧趙翼《陔餘叢考》的
〈八仙〉也說：「未嘗有成仙之事。」

（五）李鐵柺

　　李鐵柺亦稱「鐵柺李」。元岳伯川《呂洞賓度鐵柺李》雜
劇。劇演鄭州奉寧人岳壽，官六案都孔目，雖有幹才，然怙惡不
悛，有「大鵬金翅鳥」綽號。仙家呂洞賓恐其迷失正道，奉鍾離
老祖之命，將度化之。適韓琦私訪查案，岳壽恐東窗事發，驚悸
而死！岳壽魂遊地府，將受油鍋鼎鑊之刑；呂洞賓現身，使其還
陽，無奈其遺體已腐化，借李屠戶已死三日之子還魂，便雙姓
「李岳」，惟外貌粗陋瘤跛，扙鐵柺而行，後成為八仙之一。按
韓琦（1008-1075 年）宋代人，則此劇發生年代應為宋朝。韓琦
勳業彪炳，歷官陝西經略安撫使，仕於仁、英、神宗三朝，為宋
代名臣。此劇以韓琦點染之。

　　清‧愈樾《茶香室叢鈔》八仙中李鐵拐無考。《堅弧志》引
〈仙蹤〉云：鐵拐姓李，質本魁梧，早歲聞道修真巖穴，一日赴
老君之約於華山。囑其徒曰：吾魄在此，倘遊魂七日不返，方可
化吾魄也。徒以母疾迅歸，六日化之。李至七日歸，失魄無依，
乃附一餓殍之屍而起，故其形跛惡耳。又蔡絛《鐵圍山叢談》
云：李八百尸解，復投他屍再起。從前民間多傳「借屍還魂」之
事。《堅志》為故事原形。《列仙全傳》稱李岳為「先生」（道
家），赴老君與宛丘先生之約，則年代在殷商時期？傳寫異辭，
無足為怪。

（六）韓湘子

　　韓湘子、韓湘字清夫，河內南陽人，長慶三年（823 年）進士，官大理寺丞。《陔餘叢考》、《茶香室叢談》云：唐姚合有〈答韓湘詩〉：「昨聞過春闈，名係吏部籍。」世傳韓湘為韓愈之姪，實為姪孫；據《昌黎年譜世系》：愈兄弟三人：韓會、韓介、韓愈。韓介之子名老成，老成有二子名韓湘、韓滂，此事實可掃除數百年郢書燕說。韓湘尤耽苦吟，韓愈勉以經學為務。湘謂所學公不知耶？公笑曰：能奪造化乎？湘曰：此事甚易。湘聚土覆盆，噀水，良久開碧花三朵，在瓣上有詩一聯云：「雲橫秦嶺家安在？雪擁藍關馬不前。」公甚怪異未喻其意？未幾韓愈以諫迎佛骨事，謫遣潮州刺史。一日駕騎至雲嶺藍關，途中有人冒風雪從林中來，視之乃韓湘也。再拜馬前曰：公憶花上之句乎？嗟嘆良久，解鞍酒壚命酌，吟〈左遷至藍關示姪孫湘〉詩：「一封朝奏九重天，夕貶潮陽路八千。……雲橫秦嶺家安在，雪擁藍關馬不前。……」後湘護文公抵任所，以法驅鱷魚（韓愈有祭鱷魚文）。後移袁州以法除劇盜，最後度文公成仙。元紀君祥有《韓湘子三度韓退之》雜劇。韓湘子「子在名場中，屢戰還敗北。」（姚合詩），算是逐名譽之徒，世傳成仙，「九度文公三度妻」恐非事實。

（七）何仙姑

　　何仙姑是八仙故事中關鍵人物。廣東增城何泰之女，唐景龍中（707-709 年）白日飛昇（續通考）。《集仙傳》云：湖南零陵人，幼遇異人與桃食之，遂不饑，逆知人間禍福。《零陵縣

志》云：名瓊，住雲母溪，夢神人教食雲母粉，復遇異人與桃食之，遂不饑。往來山頂其行如飛，預知人事，唐景龍中仙去。又，宋仁宗趙楨時，永州言有休咎道姑，狄青南征儂智高時向仙姑問凶吉？答云：公必不見賊，賊敗且走！宋史稱此役為「歸仁舖」之役。先鋒陳曙、袁用敗績，銳氣大喪，狄青揮騎兵，出其不備勝利。仔細想何仙姑所言休咎，是模稜兩可類似江湖客術語。《道譜源流圖》云：何仙姑本男子，姓徐名聖臣，嘗「出定」（現代有某禪師，有「分身」能，其本人在家中，而分身在舞廳跳舞。）「出」就是分身，「定」就是屏息若死人；家人殮其屍；乃返，適有何氏女新死，遂附焉，後得度棄世。

　　關於何仙姑定位於「八仙」，實為明代之事。明大戲劇家湯顯祖（1550-1617 年）所著《邯鄲夢》傳奇，有〈掃花〉一齣，劇演呂洞賓奉東華帝君之命，新修蓬萊山，山門外有蟠桃樹一株，三百年其花始開，時有浩劫罡風吹落花片塞礙天門。先是，呂洞賓度何仙姑來此掃花，後奉東華帝君旨證何仙姑入仙班。此齣最精彩曲辭是【仙呂·賞花時】：「翠鳳毛翎扎帚叉，閒踏天門掃落花，恁看那風起玉塵沙。猛可的那一層雲下，抵多少門外即天涯。」又有吳元泰號蘭江，里籍不詳，約為明嘉靖末年（1566 年前後），好為通俗小說，著《東遊記上洞八仙傳》二卷、二十六回，書中除大破天門陣及八仙過海大鬧龍宮以外，餘皆演述八仙得道故事。此書評價不高，自相矛盾，文白夾雜用筆拙劣：然而多保存民間傳說，亦難能可貴。何仙姑定位，得之於此兩書造化。嘗見舊題宋八仙獻壽圖，如《宋版康熙字典》，似應以此為鑑。

（八）藍采和

　　宋・李昉《太平廣記》稱：不知何許人也？他穿著破布藍衫，腰間繫著六銙黑木腰帶，夏天穿棉衣，冬天睡在雪裡直冒熱氣，一足穿鞋，一足赤腳。經常唱著歌，在城中討飯要錢，還拿著大拍板，一路走一路唱，後面跟著許多男女老少看熱鬧，他非常幽默妙語如珠，似狂非狂似的，他唱的「踏踏歌」，傳世有好幾個版本，是一種醒世的小曲子。有人給他的錢散亂滿地，也不撿取，或給別人，或到酒家買醉。他多大的年齡誰也不知？有老年人在兒童時代就看到他；他卻還是老樣子，未因歲月使他老化。後來在濠梁（今安徽鳳陽縣）酒樓飲酒，帶著幾分醉意，在一片仙樂中飄然上昇，從空中擲下靴子、藍衫、腰帶，冉冉而去。這故事在宋朝已傳誦，聽來十分令人遐思！

　　元人雜劇中，有一本《漢鍾離度脫藍采和》雜劇，搬演藍采和故事，說汴梁城（今河南開封市）有一個姓許名堅藝名藍采和的班主，是一個演劇家庭，在汴梁很負時譽，後來許堅班主被鍾離度脫，成為上洞八仙之一。這本戲是演「劇中劇」，提供許多元代戲班演劇寶貴的資料。我將它研究經年，結撰一部專書，先後在國內期刊發表許多篇文字，歡迎批評。

四、八仙的美學觀與宋代的〈朝元仙仗圖卷〉

　　中國人的「八仙」，是一種奇異的組合，構成的分子也相當複雜：有男有女、有老有少、有皇親國戚，有乞丐餓殍、有美髯俊目，有肢體殘障等等形像。各位仙家都有獨特的氣質與特殊功

能，這似乎代表著人類社會百態。就哲學的美術觀而言；它追求了比例均衡、協調統一，不重形式的美的絕對觀念；提供了業餘、嬉遊、娛樂，而自身投入的對象生命之中，而感情移入事實的存在。所以，中國人對於八仙各種藝術的標幟（如繪畫、雕塑等藝術品），從來未聽說美醜與憎惡。我結撰此稿，儘量將神話刪略，仍覺得它極富於「浪漫主義」（Romanticism）的情懷——它崇尚主觀，重視理想，打破一切形式主義，而以豪放縱恣之個人情緒為主，好奇尚美，以日常生活不足動人聽聞，故對往古傳奇加以描述，提倡個人自由思想，解放因襲道德與法度。此學說曾為歐洲十八世紀中葉及十九世紀初期「文藝復興」思想主流。八仙故事藝術，其實就是雜亂無章組合，卻是個人豪放縱恣的傑作。中國神仙道化的小說、戲劇，早在十三世紀日臻成熟，八仙故事即其顯例之一。

八洞神仙跨越漢唐宋元明歷朝時空數百年、或上千年，且都有部分事跡記載，而綜合其事論之，最早出現於北宋（960-1127年）初年，道家思想流行之際，祂們打破時空聚合成一個小集體，代表吉祥如意為人祝嘏，是受了道家繪畫的「卷子」或稱「軸子」形式的影響。如宋人武宗元字總之，河南人，儒生，畫法尚吳道子。年十七歲繪北邙山老君廟壁畫，大中、祥符間（1008-1016年），又畫玉清昭應宮道教壁畫，現傳世有「朝元仙杖圖」手卷。

「朝元仙仗圖卷」絹本，墨筆畫五方帝君帶領仙官、侍從、儀仗去朝拜玄天上帝。每位仙官都題名字款（歷朝尊神），人物形像生動，衣紋用鐵線描。原無款印，後經趙孟頫題字審定為「武宗元真蹟」！我常想這畫卷它是某些大道觀，為了畫全堂的

大壁畫，先由畫師精心佈置位置的底圖，古畫術語稱「副本小樣」，然後按「小樣」的內容比例繪製在牆壁上。所以，現存道觀山西芮城縣「永樂宮」，赫赫有名的大壁畫——諸神朝拜老子、呂純陽、王重陽傳教故事，一氣呵成，筆鋒雄健，諸神盼顧有情，沒有絲毫差池，這就是「副本小樣」精確使然。八仙的聚合受道家壁畫的影響，如〈朝元仙仗圖卷〉的形式，對它不能說毫無啟示。

陳萬鼐遣興於稗塘書室時年八十一歲

本稿發於民國九十六年十一月，故宮博物院《故宮月刊》，第 296 期 100-107 面。

肆、從《藍采和》雜劇談元代戲班優伶的生活情形

一、楔　子

　　研究元代（1206-1368）戲班優伶生活的情形，有一本重要書籍，也是「劇本」，那就是《漢鍾離度脫藍采和》雜劇，簡名《藍采和》，可以說是以戲演「戲」。戲中搬演一個伶人，姓許名堅的班主，藝名「藍采和」。他妻子喜千金，兒子小采和，媳婦藍山景，姑舅兄弟王把色，兩姨兄弟李薄頭，全家人都是以戲劇為職業組織而成的「共同生活戶」。戲班名「梁園棚」，地點在汴梁（今河南省開封市），他劇藝精良，深受觀眾的歡迎！雖然藍采和他是個班主，也是平凡的百姓家。誰知他卻有半仙之份？一日，大羅神仙鍾離權下凡，化身為道士──當時元朝稱道士為「先生」，到梁園棚去度化藍采和。鍾離權先是亂坐位子，後來「點戲」，處處「找碴」滋事。當藍采和五十歲生辰這天，他又到戲班門口，大哭、大笑三聲，亂講犯忌諱的言語。後來，藉藍采和延誤「官身」，耽誤了官府支配的義務服役，被判扣廳責打四十大棒子，藍采和嚇得魂飛魄散！那知這官府的官員，是

鍾離權徒弟呂洞賓所幻化的；這時鍾離權出現，度脫藍采和出
家，就免了責罰，他便拋棄了妻子兒女及全班的好伙伴，隨鍾離
權而去，從此，許家班少了主角，淪為第三流的流動戲班了！

　　駒光如駛，轉眼三十年過去了，喜千金九十歲，王把色八十
歲，李薄頭七十歲，都老了做不得營生，他們年小的作場，便與
他擂鼓。這時藍采和已得道，赴瑤池歸來，聽見下方一片樂聲，
下界一觀，原來是一個無名器的戲班，正在演戲；不料這戲班就
是他原來的「梁園棚」。他見到眾伙伴都老了，他仍然是當年模
樣，一點不曾老。大家勸他演幾場戲，賺點盤纏也好返鄉，他也
應允了，迨他到後臺化妝，揭開帳幔，祇見鍾離權與呂洞賓端坐
在帳內，說道：「許堅你凡心不退里哪？」「你不是凡人，乃上
八仙數內藍采和是也！今日功成行滿，同登仙界。」這劇便落幕
了！

　　《藍采和》雜劇，是依託中國民間八仙，象徵吉慶之神敷演
而來，在元代也算是非常流行「神仙道化」，以度脫為主流的劇
種。其本事重要根據，是宋‧李昉《太平廣記》卷二十二〈神
仙〉「藍采和」傳記而來，劇中許多情節，都囊括在這傳記中，
不過他將故事寄託在當時戲班背景裡，無形中流傳下許多元代戲
班生活真實情況，使我們對於元代伶人們生活，獲得深刻認知。
同時，這劇本是海天孤本，覺得十分珍貴！

二、偉大的「伶倫」

　　有關《藍采和》雜劇中，伶人品格與道藝修養方面的曲詞與

曲白：

　　一、【仙呂・點絳唇】〔末〕（藍采和唱）：「俺將這古本相傳，路岐體面，習行院。打諢通禪，窮薄藝知深淺。」（第一折曲詞）

　　二、【混江龍】〔末〕（藍采和唱）：「……試看我行針步線，在這梁園城一交卻，又早二十年，常則是與人方便，會客週全。」（第一折曲調）

　　三、【南宮・梁州】〔末〕（藍采和唱）：「做場處誰敢消停？俺行院打識水勢。俺俺俺做場處見景生情，你你你上高處捨身拼命。喀喀喀但去處奪利爭名，若逢對棚怎生來粧點的排場盛。……」（第二折曲調）

　　四、【正宮・滾繡球】〔末〕（藍采和唱）：「……不爭我又做場，有索央眾父老每粧喝。爲什麼勾闌裡看的十分少，則你那話不投機一句多。」（第三折曲詞）

　　五、【雙調・川撥棹】〔末〕（藍采和唱）：「你待著我做雜劇，扮興亡貧是非。待著我擂鼓吹笛，打拍收拾莫消停。懇懇在意，快疾忙莫遲疑。」（第四折曲詞）

　　六、【七弟兄】〔末〕（藍采和唱）：「那時我對敵，不是我說嘴。我著他笑嘻嘻，將衣服花帽全新置。舊么麼院本我須知，論同場本事我般般會。」（第四折曲詞）

　　七、【梅花酒】〔末〕〔末〕（藍采和唱）：「他每都怎到的，論指點誰及，做手兒無敵，識緊慢遲疾。……」（第四折曲調）

　　以上七則曲調，不但使我們看出藍采和，是一位戲班的領導人物，而且才藝出眾，兼備各項人格的優質，他的道藝（指舞臺

上的技能）各方面修養，可分為下列五點，茲分別敘述於下：

（一）通達人情熟諳事故

　　藍采和曾說：「打諢通禪，窮薄藝知深淺。」「諢」就是滑稽、會開玩笑。《古今詩話》：「作詩如雜劇，臨了須打諢。」《童蒙訓》：「作雜劇者，打猛諢入，卻打猛諢出。」從前聽到國劇大師齊如山一次演講，他說：「做戲的是瘋子，看戲的是傻子！」這句話大意如此，如果我誤聽而產生錯誤的影響，文責自負。演戲少不得「裝瘋賣傻」，以取悅觀眾為最高原則，還須顧及全部觀眾的文化水準，雅俗之間，須拿捏到最適當的尺寸，要求皆大歡喜。「通禪」普通人以為「禪機」含有一點暗示性，其實，他不說破點明，讓你有疑？自己去體會，譬如一位禪師，他把鼻、吐舌、大笑、拍掌、豎指、舉拳……，都是「禪機」。尤其講些似通非通，風馬牛不相及的話作「話頭」；還要答非所問為妙！如仰山和尚問溈山和尚，「甚麼是祖師西來意？」溈山和尚指著燈籠說：「好大燈籠呵！」這祇有他們兩人知道其中道理與真象。有人問智常和尚，大藏經是甚麼？智常舉起拳頭，問道：「還會麼？」其人答：「不會！」智常說：「這個措大（指讀書人）拳頭不識！」這是不是說「拳頭」就是「大藏經」呢？令人莫名其妙。一個戲班的班主，長期在觀眾愛憎之間，如何探求到「群眾心裡」，是件非常困難之事！如《藍采和》雜劇：鍾離權來戲班亂坐位子。歪扯，他也無可奈何？先是好言奉勸，後來也是光火了，與鍾離權口角，說「這潑先生」、「風魔先生」。過去戲班遇到這種神經病的觀眾鬧場，必不在少數，惟有「打諢通禪」半真半假方式，才能應付過去。《錯立身》南戲一

一劇演一個雜劇班的生活情形——這位戲班的女主角王金榜母親趙茜梅，也是同樣的心理，她說：「曲按宮商知格調，詞通大通與禪機！」他們是何等通達人情事故呢。

（二）尊重觀眾慇懃在意

一位能幹具有領導才能的班主，其重要的條件，是能「撐」得起來。別人可以怠忽的事，他都不敢有絲毫大意，他口口聲聲「做場處誰敢消停」、「慇懃在意」、並將觀眾視為「衣食」父母；也不諱言對鍾離權的鬧場，十分不耐，說「今日攪了俺不曾做場，若明日再來打擾這衣飯，我選幾條大漢、打殺你這潑先生。」《錯立身》南戲也是為了衣飯在「撐」：「孩兒，叫妳出來，別無甚事，只要衣飯，明日做甚雜劇？」又說：「這裡是求衣飯，不成誤了看的。」明朱有燉《慶朔堂》雜劇：「家中有一個女兒名是月娥，生得風流可喜，四般樂器皆能，只是她不肯覓行院衣飯。」他們並不是謀生無方，將「衣飯」二字掛在口中，實是「敬業樂群」的表現。藍采和在戲班處世的宗旨，「常則是與人方便會客週全」，絕對避免發生「話不投機一句多」情事發生。因此，他對觀眾應付裕如，能「見景生情」，才能在梁園城這種大都市，一待就是二十年，且被視為「模範劇團」。《嗓淡行院》散曲（是專門諷刺一些沒有規矩的小戲班）將「梁園棚」視為大「勾闌」（劇場），譏笑這一些小戲班，問他們看見過「梁園棚」嗎？

（三）全能演員一身功夫

戲班班主必須是一位全能的演員，除了一付好嗓子以外，如

《新構构欄教坊求贊》散曲：「末尼色歌喉一串珠。」所謂「本錢足」為班中之「正工」（京劇行語主角）。還須拿得起傢伙——六場通透——各種樂器都能動，藍采和說：「待著我擂鼓吹笛」，兼擅武術。當戲劇在運作時，他在場上是演員，也兼「導演」，要照顧其他演員進入情況，完成一臺好戲。如何能作好這部分工作，所謂「行針步線」，就是指此而言。元夏伯和《青樓集》，記賽簾秀這位女演員。他中年雙目失明，然出門入戶，「行針步線，不差毫髮，有目者莫之能及」！從賽簾秀這個名字，就知道她非普通演員，她是當時被稱為「朱娘娘」朱簾秀的高足弟子。元代大文豪胡祇遹、馮子振、曲家關漢卿等人，都與朱簾秀有詞曲唱和，由此就可以想見其身分與地位之高！賽簾秀本來要青出於藍，可惜她盲目了，但無礙於她的演戲，在臺上仍能與其他演員，串演應對，密合無間。前輩的演員都講究「戲德」，尊重職場，在臺上臺下都有提攜後輩之善行；當然也有極其少數會坑人的角色，使後輩接合唱為難，因他們整人，才能彰顯良善之輩的道德。

（四）拿手好戲吸引群眾

現代京戲演員，能演唱多少齣「骨子老戲」？從未聽說過，《青樓集》記李芝秀，能記雜劇三百餘段，當時旦色，號為廣記者。朱有燉《香囊怨》雜劇說劉盼春：「此女子不比其他之妓，能彈能唱，記得五六十雜劇。」聽說北平富連成科班，當年學生「作科」，七年限期之內，至少會百餘種戲，才能「出科」（卒業）。現代新編京戲，以本省為例，祇見演出一次或幾場，就不再上演了，新編戲又出品，真是浪費，姑稱這種戲為「見光

死」，至多在戲曲發展史上，留下一點雪泥鴻爪而已。藍采和演戲的時代，正是中國戲曲發展成熟階段，那時有演早期的老戲——「么麼」，然後才是「院本」、「傳奇」、「雜劇」，雜劇在當時是新劇種，已步入規劃的階段。藍采和是戲班主角，也是「戲包袱」、如甚麼「古本」「舊么麼」、「院本」我須知，論同場本事我般般會。」如此，才稱得上「路岐體面」，鋒頭健的好角色。「院本」與「傳奇」兩者是混稱不分的，「院本」與「雜劇」最初也是混稱的，元朝陶宗儀《輟耕錄》云：「國朝院本、雜劇始釐而二之。」

　　任何行業最頭疼的事，就是自殘殺——打對臺，這時觀眾就立刻鑒別那個劇場的品質好。打對臺多於在大廟會時期才有，平常則少見。如果是「瓦舍」眾伎各演各的，觀眾自由抉擇，就不構成競爭的壓力。藍采和提到「對棚」，便是將拿手好戲搬出來，場面要浩大，行頭要光鮮，粧扮要用心，作表要美感，「又索央眾父老每粧喝！」捧場叫好，還說「我著他笑嘻嘻」，這不是耍嘴皮子——「那時我對敵，不是我說嘴」（第四折曲詞）。這時整個戲班洋溢一片歡樂氣氛，所謂「打喝處動樂聲，戲臺呼我樂名」，藍采和好啊！好啊！「打喝」就是高潮達到了極點，叫好喝彩之聲不絕，演員也像喫了「搖頭丸」如醉如癡的。經營戲班本來就是靠觀眾捧場，當時稱為「貼招牌」如鍾離權初到「許家班」，在未明來意時，藍采和便感謝的說：「這先生你與我貼招牌。」所以，現代拆人家的臺，稱為「砸招牌」。

（五）行頭光鮮小心犯錯

　　維持一個戲班聲譽於不墜，這並不是件簡單的事，必須各項

條件都齊備，尤其臺面上要光鮮亮麗。從前某些地方的草臺戲，一些次級演員，穿著破爛的戲衣，或是平常的破汗衫就上場，場面鑼鼓點子談不上，手中拿著「麥克風」大吼大叫，這種類的戲班，祇受到「小眾」的歡迎。現在，時代變成富有了，那一個劇種，不是在佈景、燈光、道具、服飾、配樂上用功，賣力演出一場戲，爭取到國家劇院比賽得第一名。藍采和他個人技藝超群，如果遇上「對棚」，還得將「花帽全新置。」使其個人的才華與經營的理念，全都展露出來。演員能掌握觀眾的愛好，除了外觀能給人一個好印象以外，一分精神，一分事業，漫不經心，藐視觀眾，敷衍塞責，後果是相當可怕的！在元朝胡祇遹《紫山大全集》卷八（四部叢刊本）：「談謔一不中節，闔坐皆為之撫掌而嗤笑，屢不中則不往觀焉。」「撫掌嗤笑」就是「叫倒好」，首先視為失誤，笑笑罷了；連二接三的發生，觀眾就不齒這個戲班了。更有甚者，《嗓淡行院》散曲：「凹了也難收，四邊廂土糝，八下里磚颩。」描寫唱出了差池，「土糝」是泥滓，「磚颩」是碎磚瓦片，一起丟到戲臺上，演員在臺上嚇得亂竄。明朝張岱《陶庵夢憶》卷四〈嚴助廟〉（小說叢編本）演廟會戲：「梨園必請越中上三班，或雇至武林者，纏頭日數萬錢。唱《（蔡）伯喈》、《荊釵（記）》。一老者坐臺下對院本，一字脫落群起噪之，又開場重做，故越中有『全伯喈』、『全荊釵』之名。」如果該戲班的排場很好，或許可以減低對戲份的挑剔。

　　藍采和是全才全能、智謀兼備又謙虛的好戲班主人，自稱「樂官頭」，當然受到觀眾熱愛。他在「梁園棚」領導「二十口」正式演藝人員，演出各種戲碼，生意鼎盛。誰知為了「喚官身」，恐遭刑責，便隨鍾離權師父出家去了；便說：「再不將百

十口火伴相將領，從今後十二瑤臺獨自行！」用揮揮手不帶走一片雲彩，形容他的灑脫，是很恰當的。這裡說「百十口火伴」，是不是嫌誇大了些？因為這戲的明場，不過用八個角色及一群小孩子而已；又說：「我正是養家二十口，獨自落便宜，罷罷罷！我去官身走一遭。」「獨自落便宜」這句臺詞，在佚名《包待制智勘合同文字》雜劇中，也出現過一次，它不是我們對字面上的講法，在元朝應當解釋為「我一肩承擔就了事」。「百十口」與「二十口」，有很大的差別；一個戲班有班底，其中有文管（文戲）、武管（武行）、場面頭（文武場）、箱頭（衣箱）、管賬、查堂、監場都需要人員充當呀！在梨園行要還有一種「養眾」的事實，指維持眾人的生活，同行要相周恤，大家要有飯喫。所以，我不覺得該劇的劇作家，在六千多字的劇本中，就自相矛盾如此。

三、可憐的「路岐」

現代的戲劇「演員」，過去舊社會稱為「戲子」，他們也非常痛惡這樣職稱，其實，這職稱並沒有「污名化」意義在內。查《辭海》（中華書局本），「子」字含義有多種：1.「尊稱及有德之稱」；2.「男子之美稱」；3.「有道德學問者，所著書如《老子》、《孟子》。」凡此種種，都是美譽，應引以自豪為是；相反的，清末民初稱名演藝家如程艷秋，為「程老闆」，充滿市儈氣。宋元時期，演員為官方服務者，稱「教坊弟子」，自行組團稱「露臺弟子」。元時期演員學名稱「伶倫」，如元‧鍾嗣成《錄鬼簿》：「鄭光祖名香天下，聲振閭閻，『伶倫』輩稱鄭老

先生，皆知為德輝也」。鄭德輝是元曲四大家之一。大概由「伶倫」申引為俗稱的「伶人」及「伶工」。一般演員在執事時稱「樂官」，平常稱「樂人」，而他們普遍自稱為「路岐」。《藍采和》雜劇常常說：「古本相傳，路岐體面。」「俺路岐每怎敢自專，這的是才人書會剗新編。」他稱別人也是「路岐」：「那裡每人煙鬧，是樂聲響裡，是一火村路岐。」所以「路岐」是當時「演員」的代名詞。

在宋代「勾闌」（即劇場）是寄生在「瓦舍」裡，「瓦舍」本身就是臨時性的建物，宋‧吳自牧《夢粱錄》解釋「瓦舍」：「來時易合，去時易解之義，易舉易散也。」而且「瓦舍」是結合演戲、說書、雜技、遊藝、販賣的大攤場、大雜院，進場得花「五個錢（文）」（朴通事諺解）。「勾闌」在「瓦舍」佔相當地位，也得視觀眾對它愛戴與否？否則就另覓去處。所以，「勾闌」中的演員，難以得到永久安身之所；像藍采和的「梁園棚」，能在汴梁一待就二十年，算是異數了！戲班既居無定所，就得隨時在各州各路找地方演出，他們的工作性質，等於不辦前途，逢山開路，遇水搭橋，努力謀求生活，因此，便自稱「路岐」，後人也廣義稱「演藝人員」為「路岐」。

《宦門子弟錯立身》南戲，女主角王金榜，是前輩演員王承恩，趙茜梅的女兒，本是山東東平府人。因到河南府做場，王金榜與當地官府完顏同知的兒子延壽馬，發生愛情，一日書房二人約期，被同知撞見，驅逐「王家班」離境，祇得又衝州撞府到處流浪演出。延壽馬思戀佳人，到處尋找「王家班」，喫盡千辛萬苦，終於找到了，經過許多波折，延壽馬做了王家贅婿，一同過著戲班的生活。《錯立身》南戲，延壽馬有一段曲調：**一心隨她**

去，情願爲路岐。管甚麼抹土搽灰，折莫擂鼓吹笛，在家牙隊子，出外路岐人。路岐路岐兩悠悠，不到天涯未肯休，這的是子弟下場頭。撞府共衝州，遍走江湖之遊，身爲女婿，只得忍恥含羞！

這僅是「路岐」真實處境，在遊走時期，還得擔起「行頭」（衣箱、砌末），趕著驢子向下一程趕行，這裡有段十分感人「接唱」曲詞，可見他們生活的辛酸。

〔王金榜唱〕：致令得兩人路途恁淹留。

〔延壽馬唱〕：爹行聽分剖，奈擔兒難擔生受，更驢兒不肯快走！

〔趙茜梅唱〕：潑畜生因甚的，緣何尚然落後？

〔王承恩唱〕：不是冤家不就頭，且擔著擔兒快速向前走。

這是「王家班」四口的心聲，由此想像「路岐」這名辭的由來。王金榜戲班是演雜劇的，也得爲人清唱小曲，她第一次與延壽馬約期，就是「不要砌末，只要小唱」。最後該劇結局，是完顏同知陞任廉訪使，因公差途中在旅舍寂寞，「我如今在此悶倦，你與我去叫大行院來，做些院本解悶。」那知叫來的行院，竟是自己的逃家兒子！也就父子團圓，媳婦也得認了，吉慶終場。

元・石君寶《諸宮調風月紫雲庭》雜劇，這本戲是搬演一個唱諸宮調的班子，本事與《錯立身》大致相同，女主角韓楚蘭，與宦門子弟靈壽馬相戀私奔，二人漫走江湖，以唱諸宮調爲生；最後也是邂逅到爲官的父親，許了兩人婚姻。韓楚蘭也敘述「路岐」生涯的辛酸，祇希望能與良人結婚，脫離樂籍，過著平民正常生活。這雜劇祇存《元刊雜劇三十種》一個孤本，曲白、科介

簡單，曲詞十分本色、誠摯動人：

【水仙子】〔旦〕（韓楚蘭唱）：「…舍人也沒那五陵豪氣三千丈，脖項上鏈鐵索兩拖長。卻雖是妾煩惱歡喜殺家堂，岐人生死心難忘。謝相公齋發覷當，直把俺牒配還鄉。」

【七弟兄】（同前）：「他也大綱，你行也有些情腸。你那起初時敷演曾聽你唱。轉街衢行至短垣墻，入花園盡步蒼苔上。」（第四折曲調）

所謂「轉街衢行至短垣墻」，就是在熱鬧空曠之地唱曲子做生活，宋人稱為「打野呵，又藝之次者！」〈嗓淡行院〉散曲，說他們是「則索趕科地，沒村轉瞳走。」藍采和戲班，本是汴梁負時譽的劇場，因他出了家，戲班沒有要角，固定場子待不下去，淪落到「路岐」班。一日，藍采和赴瑤池，忽聽得下界一片鑼鼓樂聲，人煙嘈雜正在演戲；

【雙調‧慶東園】〔末〕（藍采和唱）：「那裡每人煙鬧，是樂聲響裡。是一火村路岐，料應在那公科地，持著些鎗刀劍戟；鑼板和鼓笛，更有那帳額牌旗。行院每是誰家，多管是無名器！」

（白）：「原來是一火行院，我問你是誰家？」（第四折曲詞）

他妻子喜千金說：「俺是藍采和家。」「你是藍采和家誰？」「我是你渾家，他兩個是你兄弟王把色，李薄頭。」「可怎生都老了！」這段對白是何等惘然，也代表「路岐人」的無可奈何生計問題。

「公科地」用現行土地法名辭，應稱「國有非公用不動

產」，閒置時是可以供給人民臨時使用的，也不必付費。宋・耐得翁《都城紀勝》云：「此外，如執政廳牆下空地，諸色路岐人在此作場，尤為駢闐，又皇城司馬道亦然。候潮門外司教坊，夏月亦有絕技作場。其他街市如此，空隙地段，亦多作場之人。」（武林掌故叢編本）

「路岐」他們衝州撞府，到處撂場演藝，祇問生意的佳惡，不論路途遠近，流浪至天涯海角，在所不惜！元朝道教北宗七真之一的邱處機真人，自號長春子，居現代北京「白雲觀」，當年稱「長春觀」。他敬天愛民，清心寡欲，深得元太祖成吉思汗信任，奉敕封為「長春真人」。一年，成吉思汗召見於雪山——祁連山，佛經稱為喜馬拉耶山。他途經鱉思馬大城，今新疆省吉林薩爾縣，在吐魯番與鄯善縣北方。清・李志長《長春真人西遊記》卷上，記此處看到中國的「路岐人」在這裡演戲：

> 泊於城西葡萄園上閣，時回紇王部族，勸葡萄酒，供以異花雜菓名香，且列侏儒伎樂，皆中州人！

「侏儒伎樂」是古時對優伶的泛稱，指一般演員而言，「中州人」自然是指「中國人」的路岐，可見他們行踪之遼闊。現代「絲路之旅」錄影帶，常常看到天山以南的子民，在盛暑酷炎的葡萄架下，痛飲美酒歌舞場景，想必與 700 年前紀事相若。

「路岐」在元代如此，在明代也有類似資料，記述他們是在海外謀生。清・焦循《劇說》卷六，引明姚旅《露書》說琉球也有中國「路岐」在當地演戲：

> 琉球常居所演戲文，則關中子弟為多。其宮眷喜聞華音，每作，輒從簾中窺。宴天使，恆跪請典雅題目。……惟荊釵、姜詩、王祥之屬，則所常演，每嘖嘖嘆華人之節孝

云。

中國本來是一個重土安遷的民族,「路岐」為了生存沒有故鄉,那裡能賺錢,就往那裡去,得適應現實環境。

最後,我必須說明一件事,「路岐」雖然寒窘,像藍采和在汴梁佔有一席之地,固定生活了二十年,他與鍾離權賭氣,便說:「俺喫的是大饅頭闊片粉」,「要穿有綾錦千箱」,又說「這裡不比別州縣,學這幾分薄藝,勝似千頃良田」!證明他們雖是同業,貧富是有相當大的區分的。

四、可怕的「官身」

「喚官身」來自唐宋官伎制度。伶人編籍在冊,隨時要聽從官府使喚,且有嚴格規定,不得違誤。清‧葉申薌《本事詞》記載:北宋時蘇東坡在杭州,府僚高會西湖,女伎秀蘭來遲——延誤官身,府僚大怒,秀蘭含淚申辯不獲,東坡為之緩頰,仍不能解,使秀蘭進退失據。東坡立填一曲詞,令秀蘭唱,才得免予處罰。不僅此也;從前古代官府,壓榨人民,有許多公署庶務,不用開支公帑,徵用各行各業義務為公家服務,如衙門油漆粉刷,由油漆公所負責。我曾聞一老人言:某縣油漆工彩繪「照壁」(如九龍壁、麒麟壁),一「揀糞者」在旁觀看,因見油漆工人上上下下拿油漆辛苦,便自動幫漆工捧顏料,不料下次成為「陋規」,凡衙門油漆,「揀糞者」便成為義務役之一員,形成「官身」。這可能是一件喻「多事」者的談助,不足為訓。

有關《藍采和》雜劇應「官身」情形的曲白：

〔祗候〕（徇役云）：「藍采和開門來，大人言語，喚你
官身裡！」

〔末〕（藍采和云）：「又是誰喚門？」

〔祗候〕（徇役云）：「大人喚官身裡！」

〔末〕（藍采和云）：「我今日好的日頭，著王把去。」

〔祗候〕（徇役云）：「不要，他要你去！」（第二折曲
白）

藍采和想敷衍一下，「著李薄頭去；著王把色引著粧旦色
去。」「都不要，只要藍采和去！」「罷罷罷，我去官身走一
遭。」王把色還說：「安排下酒餚，等哥哥回來慢慢的喫下。」
那知他一去就不回來了！他挺不住四十大棒，可怕的「官身」！

《藍采和》雜劇的主旨，是被度脫的人，得到度脫，可是仙
凡異趣，藍采和當時也是充滿無奈的心情：

【南呂·尾聲】〔末〕（藍采和唱）：「再不將百十口火
伴相將領，從今後十二瑤臺獨自行。我那時財散人離陪下
情，打喝處動樂聲，戲臺上呼我樂名。我如今渾不渾、濁
不濁、醒不醒，藍采和潑聲名貫滿州城。幾曾見那扮雜劇
樂官頭得悟醒。」（第二折曲詞）

由此可見「官身」的不自由，及官府嚴厲對待伶人的恐怖。
「喚官身」當然是由官僚直接差「祗候」去傳達本官的旨意，被
傳的伶人就不敢怠慢，又不敢問這「官身」是真是假？先說藍采
和這場「官身」，就是一場神仙幻景扮演「戲」而已。再說《錯
立身》南戲，延壽馬就是假藉他父親完顏同知的名義，叫家丁喚
王金榜來書房相會──官身。這時「王家班」好戲正要開鑼，王

母趙茜梅問傳話的家丁：「真個是相公喚不是？」這裡說的「相公」，指的是完顏同知，已抱懷疑的態度？這撒謊的家丁便道：「終不成我胡說！」趙茜梅祇好「去勾闌裡散了看的。」可見「官身」大於民意。官府權威為甚麼待對藝人，有這麼樣的大，大概是官大、勢大、衙門大，在《元史》〈百官志〉中有記述，此處毋待贅述。

延誤「官身」動輒責打四十大棒，許多伶人就屈服這淫威之下。元·關漢卿《杜蕊娘智賞金線池》雜劇，因杜不理睬韓輔臣對她賠情，被濟南府尹石好問，在金線池設宴，傳杜蕊娘「官身」，杜因延誤，石便藉此該責打四十大棒，杜懾服了，聽命嫁給韓輔臣為妻，成其好事作罷。四十大棒無論男女優伶，都為之喪膽。

「喚官身」對伶人門戶而言，實在是無可奈何之事，關漢卿《詐妮子調風月》雜劇，〔正末書院坐定〕〔正旦扮侍妾上云〕：「夫人言語道，有小千歲到來，交燕燕伏待去，別個不中，則你去，想俺這等人好難呵！」明·朱有燉《劉金兒復落娼》雜劇，也說：「應官身，喚散唱，費損精力。」

元代伶人載籍於教坊「花名冊」，便失去自由行動，隨時受到「官身」牽制。如馬致遠《馬丹陽度脫劉行首》雜劇，有這樣一段曲目：

　　〔搽旦扮鴇母劉婆婆云〕：「自家劉婆婆是也，人則喚我虔婆。現在汴梁城裡居住。有一個女兒喚作劉行首；我這孩兒吹彈歌舞，吟詩對句，拆白道字，頂針續麻，樣樣通曉。官人每無俺孩兒，不喫這酒，官身可也極多。俺孩兒道：『娘也，有那不打緊的，妳休叫我，等閒坐一會

咱！』我今在門口看看，有甚麼人來？」〔樂探見劉婆
婆，重陽節官府衙中飲酒，喚劉倩嬌行首云〕：「快傳大
姐來，休帶連我。」〔劉婆婆云〕：「蓮兒、盼兒，說與
你姐姐梳粧打扮了，衙門裡喚身哩！」（元曲選本）

　　伶人被「喚官身」，有沒有報酬未見記述。在馮承鈞譯《馬
可波羅行紀》第九十四章〈汗八里城之貿易發達戶口繁盛〉中，
提到「（大都）新舊城附郭娼妓之數有二萬五千，由一官吏總
管，⋯則因諸外來使臣之來朝大汗者，應厚為款待，此總督每夜
應供給使臣隨從人員，每人娼妓一人，夜夜更易，不取夜宿之
資，是即娼妓繳納大汗之稅金。」這種陋規，反映在優伶身上，
大概是應了官身，就不再繳交「桃花捐」（營業稅），僅「想當
然」而已。

　　女優要想免除這些生活以外的煩惱，就是找個歸宿，如上述
《紫雲庭》雜劇的韓楚蘭，就是尋求脫離「樂籍」，類此方式，
在元人雜劇中就很多，關漢卿《錢大尹智寵謝天香》雜劇，先為
錢太尹做「小夫人」脫籍，然後嫁給柳永，百事得諧。

五、難逃的「火院」

　　中國一些古本書籍，常將「火」字用在不同的地方，便有不
同的解釋。如藍采和說：「今日是我生辰之日，眾『火』伴又送
禮物來添壽。兄弟，將壽星掛起供養，擺上裝香來，今日喜慶之
日，嗞慢慢的喫幾盃。」（第二折曲白）又：「那裡每，人煙
鬧，是樂聲響裡，是一『火』村路岐。」（第四折曲詞）這兩個
「火」字，字形、字音相同，而字義就有些差別。「火伴」與

「火村路岐」，前者現代用「伙伴」，後者用「一夥」。古代兵制稱十人為「火」與「伙」、「夥」，都是代表人的數量。《藍采和》雜劇中，卻有一次用「火」字，就與此意義有很大區別。

〔沖末〕（鍾離權云）：「你這等每日做場，則為你那『火』院幾時是了？不如俺出家兒受用快活！」（第一折曲白）

這裡的「火」字，不能當「人」字來講，它是形容「戲院」的。我們從文義上看，似乎含有勸告規戒性的，說藍采和整天忙東忙西，為了戲班，赴湯蹈「火」，幾時得閒，不如我出家人過得快活；「火院」便是形容在水深火熱痛苦之中。

在抗日戰爭以前，上海經濟繁榮，消費自然是全國之冠。人民奢侈浪費，狂嫖亂賭，殺人越貨，無日無之。尤其舞廳歌榭林立，被稱為「銷金窟」，最後成為作姦犯科的溫床，舞廳舞池景觀豪華，用紅色燈光閃耀助興，表現出震撼力，形同「火山」。故一般舞客，對貨腰女郎，一擲千金毫無吝色，當時稱為「火山孝子」。此劇中所謂「火院」，實蘊含這種情思在內。我在《妙法蓮華經》第七〈化城喻品〉，讀到下列一段經文：

又諸餓鬼，頭上火燃，饑渴熱惱，周慞悶走，其宅如是，甚可怖畏！毒害火災，罪難非一。是時宅主，在門外立，聞有人言：汝諸子等，先因遊戲，來入此宅。曠絕無人，怖畏之處，若有多眾，欲過此道，至珍寶處。

這般沉溺於遊戲的人，「先因遊戲，來入此宅」，它的「毒害」（如海洛因、安非他命、快樂丸等等）、「火災」（如本省北部曾發生舞廳火災，燒死舞客二十餘人）就發生了，便是「火宅」。鍾離權將藍采和戲班，比喻為「火宅」，正是慈悲憐憫！

　　敦煌莫高窟，就有兩幅「火宅」的壁畫：一幅在第 61 窟宋人畫的，一幅在 146 窟五代人畫的。壁畫都是畫著一個屋簷下，各有三個人在歌舞，舞者穿圓領窄裙衫，甩動長袖，踢腿起舞，動作狂飆。第一幅二人以拍板及小鈸（或銅鈴）伴奏，第二幅乃一人彈琵琶、一人拍手和歌。

　　《妙法蓮華經》共 28 品，在敦煌壁畫中，常常選為「經變相」的素材，意思是佛陀慈悲，勸誘眾生，如慈父勸導自己的愛子，趕快遠離是非場所，以免惹火燒身！而孩子們渾然不覺，沉迷戀求，毫不自制！

　　《妙法蓮華經》第 3〈譬喻品〉真截了當，指出「火宅」可怖之處：

> 三界無安，猶如火宅；眾苦充滿，甚可怖畏。常有生老，
> 病死憂患，如是等火，熾然不息！

　　「火院」當然是「火宅」的引喻，在風月場中，尤其如此。《古今小說》第 17 回：「恩官拔人於火宅之中，陰德如山。妾惟有日夕籲天，願恩官子孫富貴而已。」又《平山堂話本》〈張子房慕道記〉：「清風明月朝朝有，火院前程無下梢！」這也是藍采和在未受度以前的處境。凡在塵世上打滾，自以為眼前榮華富貴，一生喫不完，用不罄，穩如泰山，那裡聽得進「火宅」這報應的故事。

　　有人反詰，去舞廳歌榭的毒害，有「這麼的嚴重嗎」？我試舉一本元，秦簡夫《東堂老勸破家子弟》雜劇為例，說明嫖賭逍遙，敗壞家產淪為乞丐的故事。所好沒吸毒品！《東堂老》雜劇演趙國器與李實，皆東平府人，相友善，同時來揚州經商。趙國

器兒子揚州奴，在揚州出生，年三十歲不務正業，結交損友，其父憂鬱成疾，自覺不久於人世，念李實有古君子之風，人稱「東堂老」，暗中以偌多錠銀子託孤，俾將來照顧揚州奴生活。國器歿，揚州奴喫喝玩樂，流連妓院，將萬貫家產變賣殆盡，落於乞討之中。後揚州奴痛改前非，向李母借本錢做小生意，賣炭、賣菜自給。東堂老見揚州奴浪子回頭；一日慶生，大宴鄉里故人及揚州奴夫妻，將趙國器託孤遺囑，令揚州奴當眾人面宣讀，凡昔日變賣家產，均由東堂老著人暗中購之，算來本利多少，詳列年月，一一歸還，揚州奴家庭得復舊觀，人人盛讚東堂老德義高風。

　　《東堂老》雜劇作者秦簡夫，大都人（北京），大約生活於元文宗圖帖睦睦至順年間（1330～），與鍾嗣成交納親密，後來到杭州為流寓人士。他喜編撰雜劇，是元代末期劇作家中高手，編劇館名「玉溪館」，與「武林書會」才人交遊甚篤。他編雜劇三種：《晉陶母剪髮待賓》、《孝義上趙禮讓肥》及《東堂老》雜劇，都流傳於世。前二劇根據《晉書‧烈女傳》及《漢書‧趙孝傳》，《東堂老》也不是冥思幻想而成，實是發生在揚州的故實。

　　秦簡夫居住杭州，杭州與揚州相距匪遙，他常往江南一帶遊展。當時楊州為物資豐裕之區，社會諸色，正好提供秦簡夫寫作題材，所以將揚州見聞編成雜劇，《東堂老》這個劇本的時間、地點、人物，都有意間將揚州風物顯示出來。

　　《東堂老》雜劇本事，發生在揚州，根據陶宗儀《輟耕錄》卷七，〈義奴劉信甫救主〉事云：「義奴劉信甫揚州人，為郡富商曹氏家僕，曹瀕死以孤託之。孤之堂叔賄賂貪官，謂某家貲產未嘗分析，今悉為姪所據，義僕劉信甫見義勇為，得以保全曹氏家產，無負於託孤之重。」《東堂老》劇檃括其事，敷演成戲。

如揚州奴「與兩個幫閒的兄弟去月明樓上，與宜時景飲酒去
了。」（第二折曲白）揚州果有此場所，見於《南濠詩話》云：
「元盛時揚州有趙氏者，富而好客，其家用有『明月樓』，人作
春題，多未當其意。一日，趙子昂過揚州，主人知之，迎至樓上
盛筵相款，所用皆銀器。酒半，出紙筆求作春題，子昂援筆書
云：『春風闔苑三千客，明月揚州第一樓』。主人得之甚喜，盡
徹席間銀器以贈　」（元詩紀事卷八）元代散曲家多吟唱此樓，
「明月樓」今猶有其名，為該地最佳之酒館也。又、趙國器在劇
中云：「揚州東門裡牌樓巷居住。」（楔子曲白）現址為揚州市
東關街牌樓巷，似為劇中所指者。

　　基於上述三項事實，推定揚州奴當時揮霍金銀費用，如〔賣
茶云〕：「我算一算賬，少下我茶錢五錢，酒錢三兩，飯錢一兩
二錢，打發唱的耿妙蓮五兩，打雙陸輸的銀八錢，共該十兩五
錢。」〔揚州奴云〕：「哥，算甚麼賬？」〔賣茶云〕：「你推
不知道。……」此是據《元曲選》及《酹江集》本《東堂老》第
三折曲白所載，這樣用度算不算多？《息機本》作「共該銀八十
六兩七錢九分二釐半」這就很多了！當時看一場戲，得付「二百
錢（文）」是小飲的消費額，在大德年間（1297～1307）一斗米
三百錢，揚州奴在小小酒店就欠下許多錢，如果在「銷金窟」當
闊少花花公子，那還了得，豈不是將家業付諸「火宅」！在旁觀
者明眼中，豈不「憂患」「怖畏」了。

六、尾　聲

　　我近年興之所致，回到元人雜劇研究方面的工作，以人文主

義的觀點，對於元朝藍采和戲班優伶生活情形，作深入的探析，寫成二十餘萬言蕘稿。但覺得對於戲劇工作人有鼓勵與警策作用，唐人云：「以人為鑑，可以知得失」。

參考書目

一、楊家駱編，漢鍾離度脫藍采和雜劇，民國 52 年，臺北，世界書局全元雜劇 3 編第 5 冊本

二、鄭騫校訂，元刊雜劇三十種，民國 51 年，臺北，世界書局

三、明臧懋循輯，元曲選，民國 50 年，臺北，啟明書局

四、明解縉纂，永樂大典三種南戲，民國 52 年，臺北，世界書局

五、傅惜華編，全元散曲，民國 58 年，臺北，中華書局

六、宋李昉纂，太平廣記，民國 60 年，臺北，倫明書局

七、胡適著，胡適演講集（禪宗），民國 59 年，臺北，中央研究院胡適紀念館

八、馮承鈞譯，馬可波羅行紀，2003 年，臺北，古籍出版社

九、清顧嗣立編，元詩選初集，1987 年，北京，中華書局

十、陳衍編，元詩紀事，民國 60 年，臺北，鼎文書局

十一、元鍾嗣成著，錄鬼簿，民國 62 年，臺北，鼎文書局歷代詩史長編 2 輯第 2 冊本

十二、元夏伯和著，青樓集，出版事項與上書相同.

十三、李國平著，元雜劇發展史，1993 年，臺北，文津出版社

十四、陳萬鼐著，元明清劇曲史增訂本，民國 63 年，臺北，鼎文書局

本稿發表於民國九十三年七月，臺灣戲曲專科學校《臺灣戲專學刊》，第九期 349～366 頁

伍、從《藍采和》雜劇談元代戲班的「伶倫門戶」

　　我於本刊第9期發表〈從《藍采和》雜劇談元代戲班優伶的生活情形〉一稿後，並非意猶未盡，續撰此文，實則此兩文為整個元代戲班真實生活研究「姊妹篇」。前文多就當時伶人慘澹經營戲班營業情況，及遭逢「官身」種種迫害，頗為辛酸；本文則為研究元代戲班構成份子，是因「類聚配偶律」關係，造成以職業為基礎的「伶倫門戶」。尤其《大元聖政國朝典章》約制優伶「階級的內配群制」，更使得伶人門限狹隘，失去職業選擇的自由。所幸伶人日常生活，在《元史》「服色等第」中，與庶人相同，並未受到歧視。以藍采和經營的「許家班」為例，生活裕如，同行之間，亦多能「相習則相親，相得則相恤」（見楊弘道小亨集語），應算是彼此互相團結的職業。

一、弁　言

　　元代戲班優伶的生活，其喜怒哀樂與榮枯之蹟，導源於「類聚配偶律」及「階級的內配群制」，而形成以戲劇與家計；成為

「祖傳事業」，代代相傳。蒙元帝國是遊牧民族，入主中華，迄未脫離「部落思想」，視腍削其他族群為本份，故而在中國便造成社會種種不同的階級制度。前文所敘述的，是優伶個體經營舞臺生涯，許多鮮為人知的辛苦──「官身」、「路岐」、「火宅」；本文所敘述的，是元代政治典章中，明文規定優伶職業領域「狹隘化」，進出此業門限，均有嚴格的約制。這種本是由生物界進化中原則的「心理隔離」，又復因政治型態，當成「身分隔離」；促使戲劇人的族群團結，彼此相親相恤的「伶倫門戶」。他們便成為當時身分較為特殊的「共同生活戶」，獨立特行於社會中，持著個人的才藝營生，以贏得群眾的愛護與支持。

二、伶倫與「伶倫門戶」

「伶倫」是黃帝時代的樂師。《呂氏春秋》〈古樂〉篇：「昔黃帝令伶倫作為律」，注「伶倫黃帝臣。」他是中國發明音樂標準音「黃鐘」的原祖。「伶倫」這兩個字也作「泠倫」，見漢劉向《說苑・修文》；又作「泠淪」，見漢班固《漢書・古今人表》。大概因「伶倫」異名太多，也出現「伶人」，見漢班固《漢書・古今人表》。大概因「伶倫」異名太多，也出現「伶人」──《國語・周語》：「伶人告和」，注：「伶人樂人也。」過去演藝人員，常被稱為「伶人」或「伶工」。《左傳》（成9年）：「晉侯見鍾儀，問其族？對曰：『泠人』也。」注「泠人樂官」。；釋文「依字作伶」，校勘記「案作『伶』非也」，五經文字「泠，樂官，或作『伶』，誤。」原來「伶倫」應作「泠人」的，現在，無論舊籍新書皆作「伶倫」，已見約定

俗成，已非一朝一夕之事。伶人中有「伶正」樂師，「伶官」樂
官。

　　古代稱樂人為「伶倫」或「泠倫」，而他們自己也如此相稱
呼，如元・鍾嗣成《錄鬼簿》著錄（註一）元曲四大家之一的鄭
光祖（所作雜劇王粲登樓、倩女離魂等現存五種）傳略有云：

> 鄭光祖字德輝，平陽襄陵人（今山西襄汾市），以儒補杭
> 州路吏。為人方直，不妄與人交。……公之所作，不待備
> 述。名聞天下，聲振閨閣，『伶倫』輩稱鄭老先生，皆知
> 其為德輝也。

　　所謂「伶倫輩」就是演藝同行的人。尤其《宦門子弟錯立
身》（註二）這本南戲　它搬演父親王承恩、母親趙茜梅、女兒
王金榜，她是班中主角，再加上一個宦門子弟延壽馬為贅婿，四
人組成一個戲班，這戲班也是世代相傳的職業。一日，趙茜梅自
艾自怨的說：

> 『伶倫門戶』曾經歷，早不覺鬢髮霜侵；孩兒一個幹家
> 門，算來總是前生定！

　　可見「伶倫」的族群，自稱為「伶倫門戶」。更有些以演藝
為職業的世家，常因生計困難，自嘆是「（衒衒人家）」，似乎與
「伶倫門戶」相等，不工作便無以維生。如明朱有燉《甄有娥春
風慶朔堂》雜劇（註三）的〈楔子〉一段曲白：

> （卜兒上云）：老身姓甄，小字金蓮，是饒州在城樂戶。
> 如今年紀過去了，家中有一個女兒名是甄月娥，生的風流
> 可喜，四般樂器皆能，只是她不肯覓『行院』衣飯，家中
> 三口兒，唱得一兩貫錢鈔，過其日月。老身時常勸她『衒

衍人家』，若不覓錢津貼些活計，靠甚營生。（新鐫古今
名劇柳枝集）

這裡所稱「樂戶」，也許與演雜劇的「勾闌」（戲園）有
別，而其「四般樂器皆能」，也算是喫「開口飯」的，所以自稱
「行院」；又自稱「衍衍人家」。這「衍」字讀「杭」音，俗呼
「衍衍樂人也。」（梁・顧野王《玉篇》）其他還有些戲劇家
庭，茲不贅述。

三、藍采和戲班構成的份子

有關《藍采和》雜劇（註四）戲班構成份子的曲調：

一、〔沖末〕（鍾離上云）：「貧道複姓鍾離名權字雲
　　房，道號正陽子。因赴天齋已回，觀見下方一道青
　　氣，沖於九霄。貧道觀看多時，見『洛陽』梁園棚內
　　有一伶人，姓許名堅，樂名藍采和，此人有半仙之
　　分，貧道直至下方梁園棚內，引度此人，走一遭
　　去！」（第一折曲白）

二、〔正末拍板引徠兒上〕（藍采和云）：「金陵故國，
　　本是吾鄉。數徧到此，曾諫李王。李王不聽，只恐惹
　　禍招殃。金陵不住，直至『汴梁』。勾闌中得誤，再
　　不入班行。唐巾歪裏，板撒雲陽。腰繫編帶，舞袖衫
　　長。」（第三折曲白）

三、〔正末上〕（藍采和云）：「小可人姓許名堅，樂名
　　藍采和，渾家喜千金，所生一子是小采和，媳婦兒藍
　　山景，姑舅兄弟是王把色，兩姨兄弟是李薄頭，俺在

這梁園作場。」（第一折曲白）

四、〔旦同外旦引兒二淨扮王李上〕（淨、王把色云）：
「俺兩個：一個是王把色，一個是李薄頭。俺哥哥是
藍采和。俺在這梁園棚內勾闌裡做場。這個是俺嫂
嫂。俺先去勾闌裡收拾去，開了這勾闌棚門，看有甚
麼人來？」（第一折曲白）

　　以上四則曲白，是一個事件，也已同在一個空間裡——「梁
園棚」的「勾闌」做場。如果仔細看，它是發生在兩個不同的城
市？鍾離在雲端裡看，是在「洛陽」，藍采和回憶往事，他原籍
金陵，因諫議李玉，卻惹來禍殃，「直至汴梁」（今開封市）落
籍，到他們這代，也說「俺在這梁園棚一交卻，又早二十年。」
「梁園棚」命名，自然是在「汴梁」，「梁園」是汴梁的名勝古
蹟，具有地方的代表性。「洛陽」與「汴梁」，同屬河南省兩大
都市。「洛陽」是歷史古都，屬洛水之北，故名「洛陽」：漢置
洛陽郡，東漢建都於此。唐曾稱東京，宋稱西京，金稱中京金昌
府，元改為河南路。「汴梁」在從前是河南的省會，戰國時魏
都，名為大梁。唐武德初置汴州，五代晉漢周三朝稱東京開封
府，金因之，金稱汴京，元初改為南京路，至元年間又改為汴梁
路，北宋首都在此。據《大明一統志》（註五）載：開封府治至
京師一千五百八十里；洛陽府治至京師一千八百里，兩地相距二
百二十里，現代兩市之間，隔著鄭州市（1954年改為省會）。古
代作者對於地名、年代等等，可能因參考工具書的不便，常常發
生差錯，算是無心之過！

　　上述藍采和的戲班是在「汴梁」，不是在「洛陽」。在上列

曲白中，我們還發現這戲班演員登場，都是用說白，並且由一個角色或另一個角色來「通名」，報告自家身分及同臺人的身分，劇中重要情節也顯示出來。過去傳統京劇，姑稱「骨子老戲」，戲中主角上場，先念「引子」，再念「定場詩」然後「通名」自敘家世與生平，及這本戲要表演的情節是甚麼；接著大段的唱詞（慢板），如「三娘教子」、「四郎探母」，其男女主角，就按這種「文化模式」進行。現代新編的劇，無論那個劇種都改良了，視這些為「繁文縟節」；一個角色登臺，不自我通名，開口就說白或唱腔，使得新編劇與傳統劇，在形式上壁壘分明。為甚麼新編劇可以如此？因為戲劇在上演前，劇場一角發售一本身價不菲的「小冊子」，說明劇情，介紹角色，薄薄十餘頁，售新臺幣數十元，厚一點售上百元。觀眾有這這本「小冊子」，讀後就對今天演出，大致有個瞭解，再待觀看戲曲，就沒問題了。甚者戲劇未上演，便在報紙上大肆宣傳，來上幾篇文章吹捧一番，觀眾看戲等於按戲報去驗收！

(一)藍采和戲班重要演員家屬

戲劇是「代言體」，便是由一個具有表演天才，又受過專業訓練的「自然人」，在舞臺上敷演戲曲本事。如《藍采和》雜劇，扮演藍采和這個角色的「自然人」，他姓許名堅，但在戲曲運作間，許堅的身分完全轉化成劇中人「藍采和」。他妻子、兒子、媳婦、兩個表兄弟，都有本姓本名，他們因戲劇生活，被藝名取代了。如〔末云〕：「王把色是聽的麼？誰人在門首唱叫！」這是他們在戲臺上稱呼，不是表兄弟在居家的稱呼。可見他們是一個以家庭親屬為骨幹，而組成的戲班，應稱「許家班」

不能稱「藍家班」；其構成的份子如此，便成為「伶倫門戶」。

　　現在，將這「門戶」中的成員及其身分背景敘述如下：

　　1.渾家「喜千金」：「渾家」就是妻子，這名辭從南唐（10世紀中期）就開始行用了。喜千金是劇團中的旦角，她本名無從得知，這是他的藝名。如元夏伯和《青樓集》（註六）記「孔千金」，善撥阮，能曼詞，獨步一時，其兒婦王心奇善花旦，雜劇尤妙。孔千金可能是自彈自唱的藝妲，媳婦王心奇是雜劇演員，她們一家也可能是「伶倫門戶」。《青樓集》是專記女藝人筆記式的說部，在女伎生活紀實中，也涉及整個家庭丈夫、伯叔、兒女、孫輩等等的舞臺生涯，全家都賴戲曲演唱維生。在當年流行這種藝名，所謂「『千金』難買美人笑」。藍采和在五十歲生日那天，被喚「官身」，就跟鍾離師父出家去了；經過三十年後，藍采和已得道成仙，偶然重返人間，一家人暫得團聚。王把色說：「嫂嫂 90 歲」，推算藍采和祇 80 歲，而她 90 歲，比藍采和大 10 歲，當年女大男小的婚姻，是極正常的狀態。

　　2.兒子「小采和」：在劇中用「徠兒」飾演。「徠」字在字典中查不到這個字，在戲臺上是個小孩子。我覺得藍采和已 50 歲了，喜千金 60 歲，這個兒子還小？小到像個童稚似的，太不合理，也許就是編劇的制式，特意將他打扮成「小丈夫」模樣，襯托媳婦兒藍山景已是成年人，在戲班挑大軸的旦角演員，從他們父母年齡的差，得到實證。藝人多於對個人技術持保留態度，祇願意傳給自己親人，在名上，就含有啟承家學的意義。如京戲演員言菊明，他兒子便叫言少朋。……還有「小某某」，含有子承父業之意。又如「賽某某」那更要求青出於藍，《青樓集》有「小玉梅」，女兒匾匾號「小枝」，後來嫁給末尼安太平，憂鬱

而卒，有女「寶寶」，叫「小枝梅」，可見她藝名與技能，是三代相傳的。這種「小」字命名，顯然有遺傳生理，氣質延續之意。

3.媳婦「藍山景」：外旦應工，她大概是「許家班」重要演員，年輕貌美，是粧旦色，在藝名上，也冠上群姓。這種以「景」為藝名的，《青樓集》中，便屢見不鮮。如「喜春景」姓段氏，姿色不逾中人，而藝一時。又有「龍樓景」是唱南戲的名角。關於以「山」字為藝名的，有「燕山秀」，她是元朝鼎鼎大名的「朱簾秀」高弟子，本姓李，旦末雙全，雜劇無比，丈夫馬二名「黑駒頭」，也是雜劇演員的夫妻檔。

中國在元朝尚屬於農業社會時代，城市經濟僅是手工業階段，每個家庭都迫切需要人力支援。一般家庭有小男孩的，就迫不急待，娶個大女子為媳婦，藉為她的勞動力，協同生產。藍采和「許家班」的成員，二代都呈現這種現象，直到民國初年，許多鄉間貧困地區，仍習慣如此。

明朱有燉《美姻緣風月桃源景》雜劇第一折，就有這類似情形，而且還將這種婚姻的關鍵，也表白得十分透徹。該劇開場就說：

〔外旦引徠上云〕：「老身姓李，名橘園奴，是這保定府在城樂戶。有個兒子，名是李咬兒。老身年小時，這城中做勾闌的第一名色旦，如今年紀老去了。不想如今臧家有一個妮子，長成了，十分唱的好，四般樂器皆能，又做的好雜劇。他但勾闌裡並官長家，都則喝采她，十分有衣飯。俺家的衣飯，都被臧家弟子攙奪了！我如今使個見識，娶來與我兒咬兒做了媳婦，便是平生願足。」（憲

藩本校印）

原來李媽媽的「見識」，是相當毒辣的，想利用婚姻拉垮對方的臺柱，也樂得一個能演能唱的媳婦。但這是雙方的事情，必須得到對方的回應，才能達到目的。同劇有下列一段曲白：

〔卜引旦上開云〕：「老身姓臧，夫主姓韓，原是這河南武涉縣民戶。有個女兒，喚做桃兒，自小裡跟她祖婆婆在保定府居住，學了些行院人家本事。彈唱的好，諸般樂器皆通。這城中書會老先生每，見孩兒唱的好，生的又風流可喜，與了她個樂名，喚做桃源景，今年長二十一歲。近日有李媽媽來說，要將孩兒與他兒子咬兒做媳婦，不知我女兒心下如何？等李媽媽來呵，喚女兒出來問他肯也不肯。」（同上劇板本）

臧媽媽似乎有點意思，但須徵求當事人桃源景是否同意這門親事？

〔旦〕（桃源景云）：「我嫁則嫁良人，一世不嫁這樂人每！」

〔外旦〕（臧氏云）：「你是樂人，不嫁俺行院，那個良人肯娶妳？」

結果桃源景拒絕了這婚姻，後來與一位二十二歲生員李釗相戀成親，中了狀元。我們現代人看，桃源景與李釗年齡相匹配，可是李咬兒是十一二歲小孩子「倈兒」。古代凡名叫「咬兒」、「咬住」，都是誕生時，由母親用牙齒去咬斷臍帶，以表示珍貴的小寶貝誕生。《劉知遠諸宮調》李三娘在磨坊產子，就叫「咬臍郎」。

《藍采和》雜劇中，小采和與藍山景夫妻關係，是否也是這

種情形促成的？是可以想像的。

4.姑舅兄弟「王把色」：在劇中是淨角扮的配角，不過他在戲班中很重要。「把色」是專業名辭，宋‧耐得翁《都城紀勝》：「其吹曲破斷送者，謂之把色。」「曲破」是伴舞音樂，「斷送」是間奏音樂。此劇的「把色」，大概是文武場的領導人。王把色負責全班的庶務，料理舞臺佈景，在劇中道白較多。一次，藍采和被喚「官身」，藍采和說：「著王把色引著裝旦色去」，想是拉拉唱唱敷衍一下，豈料不准！三十年後，王把色說：「我如今八十歲，李薄頭七十歲，嫂嫂九十歲，都老了也，做不得營生，他每年小的做場，我們與他擂鼓。」打鬧臺性質。

5.兩姨兄弟「李薄頭」：也是淨角。過去社會下層階級，往往在職場內，對於人的長相與技術專長，取個渾名或綽號。「王把色」大概以他專長見稱，「李薄頭」就可能是以他長相見稱。在南宋扮雜劇伶人，有叫「江魚頭」、「兔兒頭」、「菖頭」；金章宗時代，有叫「玳瑁頭」（龜類）；從這些物名，想像其人的模樣如何？李薄頭在劇中臺詞很少，不居重要地位。現今政府某些大員的尊容，常常在電視上露面，的確有些貴官，很像某些動物的臉嘴。

此劇提到「姑舅兄弟」王把色，「兩姨兄弟」李薄頭，統稱「表親」，在親戚情誼上有別。前者是以父系為主的「姑表」，父親姊妹之子女，後者是以母系為主的「姨表」，母親姊妹之子女，在民法關係上，都是姻親四親等。過去社會婚婭關係往來，前者重於後者。現代有些文化落後的地區，不僅不知上述的親疏遠近？更可憐的，連「姪」與「甥」都弄不清楚，遑論「舅姪」、「姨姪」之意義何在？更別提「五服」之制。

　　王國維《古劇角色考》（註七）有云：「蓋唐時樂工，舉家
隸太常，故子弟入梨園，婦女入宜春院。又各家互相嫁娶。……
然則梨園、宜春院人，悉係家人姻戚，合作歌舞，亦意中事。」
藍采和家庭，包括戲班在內，關係到「類聚配偶律」的行使，與
遺傳法則效力。

（二）元代其他「伶倫門戶」

　　我對於元代優伶的「伶倫門戶」的研究，卻有相當興趣，曾
在元人詩文曲詞集中，涉獵過許多素材，如元代文學家胡祗遹與
伶人趙文益交遊，稱「趙氏一門，昆弟數人，有字文益者，頗喜
讀，知古今，趨承士君子，故於所業，恥蹤塵爛，以新巧而易
拙，出於眾人之不意。」（紫山大全集（註八）卷 7〈贈伶人趙
文益〉，及卷 8〈優伶趙文益詩序〉）趙氏一門有趙文殷、文敬
等人：文敬字敬夫，教坊官（見錄鬼簿），都是伶倫門戶的人。

　　元‧夏伯和《青樓集》，專記女伶生活，男優反而成為她們
的附庸，這種以夫婦同操演藝業的家庭，就有 26 家之多，他們
「伶倫門戶」酸甜苦辣的生涯，恕不詳述了。

四、藍采和祖籍金陵

　　本稿第三節之二〔正末拍板引徠兒上〕一段曲白「金陵故
國，本是吾鄉，……」是他自敘家世。他說：他是「汴梁」人，
祖籍「金陵」，遷居汴梁的原因，是諫議「李王」得了罪，怕遭
殃才逃到梁汴。我想一介平民百姓，有甚麼機會見到國君？那祇

有優伶才能如此。他們以藝術本位，在御駕前表演「御前雜劇」，劇詞諷諫，既不能得到皇上欣賞，就會遭到罰責，才逃到他鄉落籍。這「李王」我懷疑指的是南唐二主李璟與李煜（李後主）；李璟奉宋朝正朔，自稱「江南國主」，都是熱愛音樂、戲劇、舞蹈的風雅皇帝，李煜的年代，是西元937-978年）。現在，南唐二主陵已出土（1951-年，文物月刊第7期，南京博物院發掘報告），從這裡起算，藍采和的伶人世家，由南唐至元代，就有300餘年的歷史。他在汴梁經營「梁園棚」戲班，至少是20年。依現代戶籍法，他「本籍」是南京市，「出生地」是開封市。

汴梁在現代開封境內，縣東南有「梁園」，是漢朝梁孝王劉武遊憩之所。劉武是文帝劉恒的次子，景帝劉啟的親手足，竇太后所生，封藩於梁。劉武平七國之反有功，以廣睢陽城70里，大治宮室，招延四方豪傑名士，稱為「梁園賓客」，在位二十五年，中熱病而薨（漢書卷四十七文三王傳第十七梁孝王列傳）（註九）。「梁園」也稱「兔園」（菟園），園中有百靈山、有膚寸石、落猿巖、樓龍岫、雁池，池中有鶴州鳧渚，諸宮觀相連，延亙數十里，漢代賦家枚乘有〈梁王菟園賦〉（費振綱全漢賦），紀其行事。藍采和戲班稱「梁園棚」，證明它規模非同小可，相當於在首都稱「首都大戲院」那種格局。

「梁園棚」的確是相當大的戲院，〈嗓淡行院〉散曲，拿它作藉口，諷刺一些小戲園，問「「梁園棚可慣經？」見過這種場面嗎？不過是「桑園串得熟」的鄉下小戲班罷了！未曾登大雅之堂。〈新建构欄教坊求贊〉散套：「這勾闌領鶯花，獨鎮著乾坤內，便一萬座梁園棚也不得的。」雖然誇大國家劇院，但以「梁園棚」作實物比例，能以一座私人戲班被點名到，豈是等閒之輩

了！

　　《青樓集》記載元代大都市女演藝人員，共 116 名。此書第
一名掛頭牌雜劇演員，名叫「梁園秀」，姓劉氏，行第四，歌舞
談謔為當代稱首：喜文墨，作字楷媚，間吟小詩亦佳，其夫從小
喬，樂藝亦超絕。也許《青樓集》無意中將「梁園秀」排在第一
人，但書中詮次也多少是按著年代及聲名為秩序，由此可見「梁
園」這名辭的身價不低。

　　金陵也不乏名伶，《青樓集》記有韓獸頭是曹皇宣之妻，倆
人以雜劇馳名金陵，韓獸頭是「目眇」藝人。還有樊香歌是金陵
名姝，妙歌舞，善談謔，亦頗涉獵書史，年 23 而卒，葬於南門關
外，好事者春遊必攜酒奠祭其墓，可見一個藝人衹要專業，技能
超軼儕輩，都會令觀眾永遠懷念的！「關外」就是今南京市下
關，有燕子磯風景區。金陵為六朝金粉世家，文風鼎盛之區，明
來集之《秋風三疊》雜劇，就演仙人陳陶，南唐人，化名「藍采
和」，濟世度人；此「藍采和」與彼「藍采和」，在編劇人手法
中，未嘗毫無關係。藍采和的「金陵故國」也非泛泛之詞。

五、元代優伶「類聚配偶律」的形成

　　研究「類聚配偶律」的形成，與中國傳統家庭制度有關：
　　（一）可能受宗法社會職傳承的影響，所謂「祖傳事業。」
《禮記》：「良工之子必學於箕，良冶之子必學於裘。」
　　（二）在先天血緣與後天生活大環境有關，俗語「龍生龍、
鳳生鳳」，又所謂「性相近，習相遠」的遺傳基因，對於一個人
的人格成長，有決定性之因素。

（三）人際關係與社會接觸面，因親戚朋友都是相等相依的，除少數有仇隙成份以外，便自然形成一種休戚感，促進彼此契合的力量。

以上三種由人情、物理、事實判斷之外，也難免有些特殊例外，如元朝的政治制度，便限制了他們家庭構成分子的關係。

《大元聖政國朝典章》（註一○）卷 18〈戶部之 4〉「樂人婚」就有明文規定：

> 至元十五年（1278 年）中書刑部，承奉中書省劄，付宣徽院呈，教坊司申：本管樂人戶計，俱於隨路雲遊，今即隨路一等官豪勢要富戶之家，捨不痛資財，買不願之樂，強將應有成名，善歌舞，能粧裝年少，堪以承應婦人，暗地捏合媒證，娶爲妻妾，慮恐失誤當番承應，乞禁治事，得此。於七月十八日聞奏過，奉聖旨：是承應樂人呵！一般骨頭休成親，樂人內匹聘者。其餘官人富戶休強娶，要禁約者，欽此。除已行下教坊司照會外，呈乞禁約事都省，仰欽依禁約施行。

「一般骨頭」是指一般普通人民，沒有區分職業的，因為有些賤業是由「賤骨頭」去做的，表示約束「樂人」不要與普通人民，包括高階層富貴人結婚。質言之，祇允許他們圈內人與圈內人成婚，便形成「階級的內群配」（Class Endogamy）。

同上書卷又云：

> 中書省咨，至大四年（1211 年）八月十八日李平章特奉聖旨：辛哈恩的爲娶了樂人做媳婦的，上頭他性命落後了也。今後只教樂人，咱每根底近行的人，並官人每，其餘的人每，若娶樂人做媳呵，要了罪過，聽離了者，麼到聖

旨了也，欽此。

在元朝口白中，常常用到「每」字，如王把色說：「他『每』年小的做場，我們與他擂鼓。」韓國《朴通事諺解》（註一一）〈單字解〉這語意義：「本音上聲，頻也，『每年』，『每一個』。又平聲、等輩也『我每』，『俺每』，『你每』，俗喜用『們』字。」凡是讀過諺解這部書的人，便覺得它的用語與元曲用語相似。因此，推想將「根底」當「就是」來解釋，如《事林廣記》中的〈官員把盞〉：「小人沒甚孝順官人，『根底』恕這一盞淡酒，望官人休怪！」又「麼道」即「奉到」的意思。

除上述兩條法律，造成「內群」配偶重要原因外，至元 11 年（1274 年）11 月 20 日有「除樂籍正色人外，其餘農民、市民、良家子弟，若有不務本業，私學散樂，搬說詞話人等，並行禁約。（元典章卷 57 刑部 19）（註一二）由此法令，看出很早就要使優伶職業深化，門戶日嚴；外行人難以入內，內行人就難以外出，原來就是心理的「隔離」（Segregation）生物界進化中原則，而又造成身分的「隔離」。

上世紀二三十年代間，社會學家清華大學教授潘光旦，鑒於西方研究人才問題，對於科學家、文學家、畫家、音樂家、數學家，甚至於海軍將校，都有專篇研究，尤其科學家與音樂家研究極多了。因此，他便發覺「伶人」是不是「人才」？可惜這方面的研究，在當時僅摩西士（Montros J. Moses）寫過一本專書《美國優伶世家》（Famous Actor-Families in America）；這本書在 1924 年荷爾摩斯（Samual J. Holmes）所編《優生學圖書目錄》（A Bibliography of Endogeics）中未著錄。潘氏便將摩西士與戈

爾登《遺傳的人才》、靄理士《一個英國人才的研究》等書，做成蒲士（Booth）名伶之一第 10 個「世家譜圖」，如〈蒲士世家

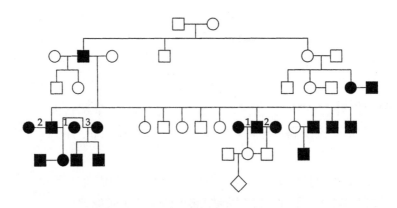

圖一　蒲士世家譜圖（採自《中國伶人血緣之研究》）

譜圖〉：【圖一】

　　這張「譜圖」的符號：方形代表男子，圖形代表女子，棱形指男女不詳，空心的不是「伶人」，實心的是「伶人」，橫線的數字指是元配或續絃關係，此譜圖到 1906 年為止。蒲士家庭，是由英國移民來美國的，其世家譜圖先後共 6 代人，且都是真實人物。

　　現在，我們根據「蒲士世家譜圖」模型，也可以擬一份「藍采和伶人世家譜圖」，但《藍采和》雜劇的「許家班」的人物，都是劇作家虛擬的，他們家庭根據「金陵故國，本是吾鄉」曲白推論，他們本是南唐伶人，移居到汴梁，先後有 300 餘年歷史，算是 10 代人都可能是從事「伶倫」業的世家，但我們祇能從劇本

知道有三代，還不能完全知道他們的親族，是不是都從事此業。
茲將〈藍采和世家譜圖〉列後：【圖二】（方圓形加斜線者表示
職業不詳）

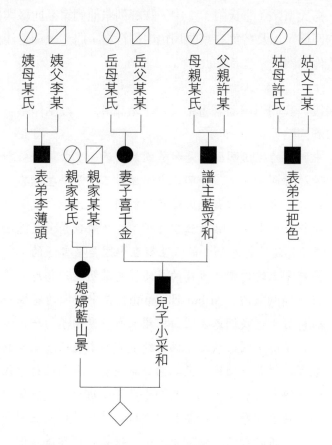

圖二　藍采和世家譜圖

　　潘氏從一些心理教育與哲學觀察，在所著《中國伶人血緣之研究》（註一三）一書中，將京劇名伶世家，作成「十個血緣網的脈絡　」與「四十三個家系的敘述」，如梅蘭芳家庭在「（三十一）梅氏家系（秦氏附）」中，詳細列舉他們家系血緣與婚姻之間的匹偶，以及各家在京劇角色中的行當，居然是源遠流長。其他「伶倫門戶」也都如此。

　　最後，我們引用潘著書中〈甲、續論 4〉一段話作結語（仍採原書的標點）：

　　　　中國人的生活藝術也是和戲劇最接近。生命等於戲劇，人
　　　　等於腳色──這種見解在中國實在不止是一些隱喻，一些
　　　　比論。宋人倪君奭臨終賦夜行船詞，開頭兩句說，『年少
　　　　疏狂今已老，筵席散雜劇打了；』（陳世崇，隨隱漫錄、
　　　　卷 2）這『打雜劇』的人生觀在中國是很普通的。許許多
　　　　多戲臺上的對聯也直接的或間接的闡明這種態度。美國的
　　　　傳教師明恩溥（Arthur H. Smith）在中國人的特性一書裡
　　　　說得好：『我們真要明白中國人所以愛面子的理由，我們
　　　　先得了解中國民族是一個富於戲劇的本能的一個民族。戲
　　　　劇可以說是中國獨一無二的公共娛樂；戲劇之於中國人，
　　　　好比運動之於英國人，或鬥牛之於西班牙人。一個中國人
　　　　遇到甚麼問題而不能不加以應付的時候，他就立刻把自己
　　　　當作一折戲裡的一個腳色，……假若這問題居然解決了，
　　　　他就自以為「下場」或「落場」得很有面子。假若不能解
　　　　決，他就覺得不好「下臺」。再若不但未能解決，並且愈
　　　　鬧愈糟，他就不免有十分「坍臺」的感觸。再若問題之不

易解決，是由於旁人的干涉或擾亂，他就說那人在「拆他
的臺」。總之，在中國人看來，人生就無異是戲劇，世界
無異是劇場，所以許多名詞就不妨通用。』中國人和戲劇
的因緣固結，有如此者。

「年少疏狂今已老，筵席散、雜劇打了！」人生宛如一場戲
劇，最不幸的是「宿命論」（Fatalism）——南戲「伶倫門戶曾經
歷，早不覺鬢髮霜侵，孩兒一個幹家門，算來總是前生定。」
（宦門子弟錯立身）明朝朱有燉5種演戲劇的「衙衙人家」，也
是「宿命論」者，並且在嘴裡經常掛著「衣飯」二字！

六、元代優伶服色等第

劇團團員演戲穿著的衣服，一般稱為「戲衣」。戲衣是根據
歷代的服飾，以相當想像空間下，再按照美學原理配套裁製而
成，專供劇中人在舞臺穿戴的冠帽、衣襟、靴鞋。至於演員日常
起居生活，當然是常服。元代本有嚴格階級之分，演員的常服，
卻被後世人傳說得極其為堪；故而有人說：「鴇兒、戲子、吹鼓
手」一些人，與普通人穿著不同，甚至走路的途徑都有差別，祇
能走屋簷小巷中。這種傳說，完全不是事實，茲徵引《元史》
（註一四）卷78〈志〉第28「輿服」，摘錄士庶服制部分如下，
以見當年人民日常生活情形：

服色等第

仁宗延祐元年（1314年）冬十月有二日定服色等第。詔
曰：「比年以來，所在士民，靡麗相尚，尊卑混淆，僭禮
費財，朕所不取。貴賤有章，益明國制，儉奢中節，可阜

民財。」命中書省定立服色等第於後：

一、授各投下令旨，鈞旨，有印信，見任勾當人員，亦與
九品同。

一、庶人除不得服赭黃，惟許服暗花紵絲紬綾羅毛毳。帽
笠不許飾用金玉。靴不得裁制花樣。首飾許用翠花，並金
釵、錍各一事，惟耳環用金珠碧甸，餘並用銀。酒器許用
銀壺瓶，臺盞、于鏇，餘並禁止。帳幕用紗絹，不得赭
黃。車輿黑油，齊頭平頂皂幔。

一、諸色目人，除行營帳外，其餘並與庶人同。

一、諸樂藝人等服用，與庶人同。凡承應粧扮之物，不拘
上例。

一、娼家出入，止服皂褙子，不得乘坐車馬，餘依舊例。

一、服色等第，上得兼下，下不得僭上。違者，職官解見
任，期年後，降一等敘，餘人決五十七下。

中央政府管理樂人的官僚，稱為「樂官」，他們是按職位高
下著品服；如「教坊司從五品，掌承應樂人，及管理興和等署
（指興和署、祥和署、廣樂庫——鼎註）五百戶，中統二年
（1261年）始置。」「隸屬禮部管轄，有散官十五階，從三品至
八品。」（元史卷85百官志）宮廷樂人為隆重典禮音樂演奏，或
舞蹈表演，他們服飾等第，較一般優伶為高，可以穿著上介幘
冠、緋羅生色鸞袍、黃綾帶、皂靴（元史卷71禮樂志）。以上僅
限於演奏排場時間內，平常是與庶人相同的。

「勾當」即為「管勾」，如教坊管勾劉耍和，是元代名演員
有公職的「芝麻官」，它應該是「從九品」相當於領班階級。
「諸樂藝人等服用與庶人同」，從這條文看，樂人穿著待遇，並

未因職業遭到岐視。「毛毳」就是「倭纖」普通織品。「翠花」在明朝稱「景泰藍」，清朝稱「點翠」，現代稱為「琺瑯器」，是價廉物美的首飾品。此物直到民國初年普通家庭的女子，戴點「點翠」便算不錯了，那有甚麼穿金戴銀、鑽石珠寶？「釵」是婦女頭飾，插在髮上，許可用金質，「碧甸」是松綠石。「銀」的限制放寬了些，酒器可以用銀打造，「于鏇」是溫酒器，規定不得用銀製，其實富貴人物，很講究飲食器具，且多用銀，無人干涉。

　　從事演藝這種行當的，大都經過挑選，至少五官端正，眉清目秀。尤其作戲班班主，或臺柱的演員，更勝人一籌，絕不能使人感到「面目可憎」。我們根據元代的服制規定，想像藍采和這般人，戴著四方瓦楞帽或笠子帽，身穿檀色或褐色羅絹交領袍，足登烏皮六縫靴，嘴巴上蓄著微髭，對人態度卑謙，舉止溫文有「禮」——元制行禮交抱為「揖」，左跪為「拜」，脫帽為「敬」，周旋於社交之中，到處受到歡迎。所以《藍采和》雜劇，提到他與「街市上有幾個士夫，請我吃一盞茶，因此來遲。」這是事實的描寫。但至元 13 年（1276 年）有一道禁令，提到「凡樂人、娼妓、賣酒的、當差的，不得穿好顏色衣。」（元典章載）大概指一些招搖過市的樂人而言。可是樂人歌伎，在承應公差時，衣著就不受限制，未知這是指在舞臺上，抑是舞臺演出公差的時候？樂人他們雖是平民身分，在官府眼裡，他們是「奴隸」或「半奴隸」。

　　元陳元靚《事林廣記》（註十五）庚集上卷 8〈風月錦囊〉云：

　　　伶官樂部

標名樂部，占籍伶官。家傳鄭衛之音，出習嘔啞之曲。清
歌妙舞，按音律之精微；急管危絃，學宮商之美麗。笙簧
嘹喨，金石鏗鏗。吹竽無濫，因鼓瑟有遺音之嘆。數曲清
簫彩鳳舞，一聲長笛作龍吟。雖謂業本賤工，藝居末品。
每到階墀之下，常居樽俎之前。佐席上之清歡，言詞濟
濟；乞釵頭之利市，禮貌鎗鎗。

詩曰：賀老長生慣定場，繁絃急管品宮商。

　　常筵覓得纏頭錦，人去樽空月滿廊。

　　這則「伶官樂部」的記事，廣義的指歌伎、戲曲伶工各類演
著生涯人而言，在「階墀之下」、「樽俎之前」，觀者喝采之聲
不絕於耳，傾刻之間，曲終人散，為了生活，落得「空月滿廊」
無限的寂寥了！

七、藍采和戲班生活的景況

　　藍采和戲班生活的景況，除了與南戲《宦門子弟錯立身》戲
班生活，性質相同，都是演雜劇的班子，可作一個比較以外，並
沒有其他資料作佐證。唯一使我們能瞭解一點古代戲班瑣事的，
祇有明朝朱有燉所做的幾種以「樂戶」背景的雜劇；但發覺她們
生活相當困窘，整天著要賺錢，才能養家活口。如《劉盼春守志
香囊怨》雜劇，第一折就有這樣一段曲白。〔旦〕（劉盼春
云）：「嬭嬭你只為那兩貫錢鈔，這等費心！女兒的心與娘的心
兩別。」〔卜〕（盼春母云）：「有甚麼兩別？不著錢養家，你
吃什麼，穿什麼？」還有本稿第二節提到甄月娥的事，有云：
「家中三口兒，唱得一兩貫錢鈔，過其日月。」都是事實。藍采

和的「許家班」，比她們強得太多，他是以家庭為骨幹，重要演
員都是自己的親人，戲班中的一切，都屬於自家產業，對於盈虧
不算是嚴重問題，所以生活過的正常而安定。在《藍采和》雜劇
中，便有許多生計的曲詞：

一、〔末〕【仙呂・混江龍】（藍采和唱）：「……做一
　　段有憎愛勸賢孝新院本，覓幾文濟饑寒得溫暖養家
　　錢。俺這裡不比別州縣，學幾分薄藝，勝似千頃良
　　田。」（第一折曲詞）

二、〔末〕（藍采和云）：「俺世俗人，要喫有珍饈百
　　味，要穿有綾錦千箱。我見你出家兒受用來？」（第
　　一折曲白）

三、〔末〕【寄生草】（藍采和唱）：「你比我喫淡飯推
　　黃菜；我比你揀口食換套穿。你每日茶坊酒肆勾闌裡
　　串，將著個瓦缽木缽白磁罐。抄化了些，羅頭磨底薄
　　麩麵。這家酒店裡推出來，那家茶坊裡搶出去，喫了
　　些吹歌妓女酒和食，待古裡瑤池王母蟠桃宴。」（第
　　一折曲詞）

四、〔末〕【南呂・賀新郎】（藍采和唱）：「……這言
　　語也不中使，這言語也不中聽。你敢化些淡虀湯，且
　　把你那皮囊撐。可知可知，俺喫的是大饅頭闊片粉，
　　你喫的是菜酸餡淡虀羹。」（第二折曲詞）

以上四種曲白、曲詞，看得出藍采和的戲班生活情形，他們
「喫」得好，「穿」得好，要甚麼就有甚麼；反而譏笑鍾離這類
出家人，到處抄化，被人趕走，食無定時，居無定所，十分狼
狽。其實這些話都不是藍采和要講的，而是鍾離度化中，使用

「不合理」手段,如藍采和五十歲生日貴降之辰,鍾離在勾闌門首「哭三聲、笑三聲」,令人討厭,「是誰人啼天哭地兩三聲。我開開這門,原來是這潑先生,好無道理也呵!」所以引發藍采和和鍾離口角,說出這些狠話,宣洩數日來胸中的氣憤。但「許家班」可能占地緣之利,在汴梁城做場有二十年的歷史,生活紮實,稱得「小康」的戲班,還有「生活財」——動產「衣服花帽全新置」,行頭光鮮,價值想必不菲。

　　戲班收入主要是靠「門票」(當時沒有證券,應當稱「看錢」),〈莊家不識勾闌〉散曲,稱「要了二百錢放過」,這「二百錢」是當年普通消費之資,在《元曲選》中各劇,如宮天挺〈范張雞黍〉雜劇有云:「小二哥打二百錢腦兒酒來,若沒好酒,渾酒也罷。……小二哥還你二百文酒錢。」可見看戲是應付二百文錢。據《朴通事諺解》,到勾闌看雜技:「一個人與他『五個錢』時放入去。」這可能是大雜院的「瓦舍眾伎」,有耍棒子的,有耍鳥戲的,所以看錢比較低一些,「五個錢」就夠!戲班收入除觀眾付費外,還有一種賞金,《青樓集誌》有云:「內而京師,外而郡邑,皆有所謂勾闌者,群優萃而隸樂,觀者揮金與之。」既是「揮金與之」就比收「小錢」多得多了。劇場內有「鐘樓模樣」的看樓,就是供特殊觀者的坐處,對於演出滿意,接待周到,賞金一定豐厚,也是顯示自己身分與地位高人一等。現在山西省臨汾市東羊村東嶽廟,至正五年(1345年)所建的戲臺,難得還保存著高高在上的兩座「觀臺」,其對觀者的物質享受與精神顯貴,更十倍於「木坡」上散座的群眾,他們更是戲班的「衣食父母」!

伶人們親戚串聯，血肉相依，同行之間彼此照顧，皆不竭餘力。金末元初詩人楊弘道，為襄陽府教諭、唐州司戶、工詩與元好問齊名，著有《小亨集》（註一六）6卷行於世。他曾記述金人從燕京遷都汴梁的情形。旅途習慣是行千里者聚三月糧，一路走一路生活，卻見到一夥人與眾不同，他們是伶人；伶人本應該與民眾一樣，而他們在旅途是如此情形的：

> 行次濟水之陽，有同途者，亦欲踰大河之南，不負不荷，若有餘齎，言語輕雜，容止狎玩，怪而問之？我優伶也，技相同習，道同相得；相習則相親焉，相得則相恤焉！某處某人優伶也，某地某人亦優伶也，我奚以資糧爲？言竟，自得之色浮於面。

現代有「同行是冤家」之說，在農業社會反此：是同行相親，如金工業的手藝人常說：「人不親手藝親；手藝不精看老君！」他們對於後進抱著提攜的態度，老君就是李珊，「太上老君」是五金工業的「行神」，就憑這句話便產生相互照拂的情誼了。

【附　註】

一、馬廉校注，錄鬼簿新校注，民國 53 年，臺北，世界書局。

二、明解縉纂修，永樂大典三種南戲，宦門子弟錯立身，國立中央圖書館藏原鈔本，世界書局影印。

三、陳萬鼐輯，全明雜劇 168 種，收有朱有燉誠齋樂府三十一種，本稿所涉及慶朔堂、桃源景、香囊怨三種雜劇均在內，民國 68 年，臺北，鼎文書局。

四、楊家駱主編，全元雜劇三編－漢鍾離度脫藍采和，民國 52 年，臺北，世界書局。

五、明李賢纂修，大明一統志，國立中央圖書館藏明天順五年刻本，民國 54 年，高雄，百成書店影印。

六、元夏伯和著，青樓集，民國 63 年，臺北，鼎文書局歷代詩史長編第二輯本。該書有七種版本，集說本載有〈青樓集誌〉較為完整。

七、王國維著，古劇腳色考，民國 64 年，臺南，傴勉出版社本，合印王國維宋元戲曲考等書 8 種成冊。

八、元胡祇遹著，紫山大全集，國立故宮博物院藏文淵閣四庫全書本，民國 75 年，臺北，商務印書館影印。

九、漢·班固著，漢書，民國 75 年，臺北，鼎文書局二十五史新校本。

一〇、大元聖政國朝典章，不著撰人，民國 65 年，臺北，國立故宮博物院影印元刻本，線裝四函 32 冊。

一一、元·韓國佚名著，朴通事諺解，昭和 18 年，朝鮮印刷株式會社影印奎章閣叢書本，是韓商來華做生意的會話書。

一二、陳垣著，元典章校補，民國 20 年，北京，北京大學文學研究所。

一三、潘光旦著，中國伶人血緣之研究，民國 55 年，臺北，商務印書館。

一四、明宋濂著，元史，民國 79 年，臺北，鼎文書局二十五史新校本。

一五、元陳元靚輯，纂圖增新群書類要事林廣記，簡稱事林廣記，民國 64 年，臺北，鼎文書局，陳萬鼐協編《中國音樂史料》影印元刻本。

一六、元楊弘道著，小亨集，國立故宮博物院文淵閣四庫全書本，民國 75 年，臺北，商務印書館影印。

本稿發表於民國九十四年十一月，臺灣戲曲專科學校《臺灣戲專學刊》第十期，95-114 面。

陸、宋雜劇角色形像

一、宋雜劇表演的情節

　　宋「雜劇」與元「雜劇」名辭雖然相同，而實質不同。王國維《宋元戲曲考》鉤稽宋、遼、金三朝說部，輯得宋「雜劇」表演資料40餘則。這些資料，很像現代民俗曲藝的「相聲」節目。演出時，演員經過化裝，劇中人不過三數人而已，祇說不唱，重點在全劇終了時，一句「俏皮話」，現代相聲業界術語：「抖響最後包袱」。因為，這句話相當滑稽耐人尋味，合於漢·司馬遷《史記·滑稽列傳》：「談言微中，亦可解紛」之旨，所以王國維亦稱宋「雜劇」為「滑稽戲」。後來因它祇說不唱，也稱它為「白科戲」。

　　宋「雜劇」表演情形維何？茲徵錄宋·葉紹翁《四朝聞見錄》戊集所載「滑稽戲」一則於後：

> 韓侂胄用兵既敗，為之鬚髮俱白，困悶不知所為！優伶因上賜侂胄宴：設樊遲、樊噲；旁一人曰「樊惱」。又設一人揖問遲，誰與汝取名？對以夫子所取；則拜曰：此聖門之高弟也！又揖問噲曰，誰名汝？對曰漢高祖所命；則拜

曰：真漢家之名將也！又揖惱曰，誰名汝，對以「樊惱自取」！

「樊」與「煩」諧音，即「煩惱自取」，這就是宋人雜劇的典型。從此劇情節來看，似乎是臨時起意編排的，而且還要化裝成為劇中人，用「代言體」表演，豈不相當於現代的「多口相聲」。

韓侂胄故事的背景：宋寧宗朝（1195-1208），韓侂胄是太皇太后的表姪，寧宗趙擴的表伯。趙擴即位，韓就是主要「定策人」——先是，孝宗趙慎，傳位於光宗趙惇，趙慎便自稱「聖壽皇帝」（壽皇）。時趙惇有病，不能常去朝候壽皇，壽皇崩，趙惇托病由太子嘉王趙擴主持喪禮。宰相趙汝愚便託閣門使韓侂胄去向高宗皇后吳氏進言，說皇帝久病不出，人心恐慌，京城秩序不保，請吳后教光宗趙惇傳位於嘉王趙擴，於是內禪之事便成功了，趙擴當上皇帝是為寧宗。傳位事成，韓侂胄晉封平原郡王，以功自居，把持朝政大權。這時宋朝「道學」之論甚熾，趙汝愚本是道學中人，為韓侂胄排擠掉，一時即以韓「不為清議所與」。韓便想藉對金人用兵立功，「以執人口」而所謂「北伐」，湔雪「靖康」之恥。金朝在世宗完顏雍逝世後，章宗完顏景繼位，時北方便有叛亂；韓侂胄以為有機可乘，開始在邊界上挑釁，剽掠金兵，於是請旨伐金開仗了。金此時雖然不濟，而宋兵更遜一籌，韓佈置在襄陽、江淮、四川的士卒叛降，屢戰屢敗，韓侂胄的日子便不好過，鬚髮俱白。皇上賜他御宴，優人演「樊惱自取」開他玩笑。這場宋金大戰，史稱「開禧」南北之戰，結果展開「嘉定議和」談判。金人議和條件，是要韓侂胄「腦袋」之外，又增「歲幣銀絹十萬兩匹」。寧宗楊皇后本來就

與韓有隙，便與其兄楊次山、禮部侍郎史彌達合謀，殺掉韓侂胄，送「首級」求和，恢復宋金關係，金為叔，宋為姪。

　　宋「雜劇」內容是非常廣泛的，面對的主題卻又十分嚴肅，如諷刺當代文人多剽竊李商隱詩句以自高，諷刺權奸秦檜當政，置欽、徽二宗於北國不返，諷刺宰相史彌遠濫用鄉親下避嫌疑，大至朝政，小至社會人民疾苦。王國維說：「宋之滑稽戲，雖託於故事，以諷時事，然不以演事實為主，以所含之意義為主。」所以宋代人也極認真看待「雜劇」的主旨，也稱以物相似者譏之，謂曰「下套」。

　　我們讀一部書，也許有幾句對人有些益處，看一齣戲，也許有一段是好「關目」；何以宋人雜劇使人讀之，會感覺它篇篇都是無比精采。這也許是當時優人機智過人，或是經過慘澹經營，求其一發而中節，還能言之者無罪，聞之者足為戒。從整個雜劇本體來觀察，它應是去蕪存菁的，已將一切繁文縟節刪略（文武場面），留下來給我們看到的「宋雜劇」（滑稽戲），是全劇的精華，連音樂都不提了！

二、宋雜劇中五種角色及其分工合作

　　韓侂胄「煩惱自取」這段「雜劇」，是在寧宗賜宴時表演的，當時類此情形，都稱為「御前雜劇」。「御前雜劇」表演，看起來都是臨時起意的；在《宋史》卷143「每春秋聖節三大宴」的19個娛樂節目中，便有兩次「進雜劇」，這也許是事先安排好的「雜劇」，我想就是我們現代常常聽到的「相聲」，不厭雷

同，落得大家笑笑罷了。由此可見它受到大眾的喜好；所以，王公大臣、文武百僚，乃至於到遼、金等國辦外交；一些官府讌宴、公宴、例宴、私宴、國宴，都會上演「雜劇」來助興。宋‧周密《武林舊事》卷10載有宋〈官本雜劇段數〉280種名目，可惜都失傳，沒有一本流傳於後世。「雜劇」在官府既是如此盛行，在文人學士雅集，民間人民飲酒，我想在歌舞、散樂以外，必然也有「雜劇」節目，參與盛會，從下列幾則資料，便可推想其一斑了。

周密《武林舊事》卷4《乾淳教坊樂部》記當時「雜劇」演員著名的人物：

- ‧雜劇三甲　劉景長一甲八人
- ‧戲頭（末尼）　李泉現
- ‧引戲（裝旦）　吳興祐
- ‧次（副）淨　茆山重　侯諒　周泰
- ‧副末　王喜
- ‧裝旦（應爲「裝孤」）　孫子貴
- ‧雜扮　雙頭　侯諒
- ‧散耍　劉衰　劉信

從這些宋代雜劇角色職稱，換成元雜劇角色：「戲頭」就是「末尼」；「引戲」就是「裝旦」；「次淨」就是「副淨」；「副末」就是「丑角」；上列「裝旦」顯然是刻本錯誤，應為「裝孤」；「雜扮」、「散耍」不在角色之內。雜劇角色祇有五種：末尼、裝旦、副淨、副末、裝孤，它們在舞臺上如何分工？宋‧吳自牧《夢粱錄》卷20〈伎樂〉有云：

雜劇中末尼爲長，每場四人或五人。先做尋常熟事一段，

名曰「豔段」，次作正雜劇，通名「兩段」。末尼色主
張；引戲色分付，副淨色發喬；副末色打諢；或添一人，
名曰裝孤。……又有雜扮，或曰雜班，……即雜劇之後
「散段」。

從這段文字看，宋「雜劇」一場，是四人或五人（加裝
孤）：「末尼」相當於現代京劇的「生」；「引戲」又稱「裝
旦」或「裝旦色」，相當於京劇的「旦」，「副淨」就是
「淨」、「副末」就是「丑」，質言之：生、旦、淨、丑也！惟
多「裝孤」一角，也相當於「生角」。元人雜劇角色就是由此衍
進的。

三、河南溫縣宋墓出土雜劇雕磚的形像

1982 年 4 月河南省溫縣東南王村，鄭姓村民建築屋基，發現
1 座北宋（960-1127）墓葬（註一）。墓室為八角形穹窿頂，磚
券枋木結構。左側西北壁左面，為五個角色演戲的雕磚。青磚面
為淺浮雕燒製而成的，角色形像曾塗有赭、黃、白、藍、黑五種
顏色，現已氧化。5 個角色，正與「宋雜劇」的五個角色性質相
合，自右向左←，其第一人是「末尼」，第二人是「裝孤」，第
三人是「引戲」（或稱「裝旦色」），第四人是「副末」，第五
人是「副淨」。它們穿戴不同，手持物件不同，各具形色，充份
展示它們在舞臺的身分；因為戲劇角色出土文物，有繪畫、壁
畫、雕刻、陶俑、畫像石、板畫等等，各種角色表情，在同中有
異，異中有同，本是難以界定的，沒有人敢獨斷獨行！如〈溫縣
宋墓雜劇雕磚考〉作者廖奔，他考訂第四人是「副淨」、第五人

是「副末」。我的「研究」正好與廖《考》相反，最簡單理由，是第四人拿著「朴擊」別人的木器，「『副末』可打『副淨』」（後詳）見識不同，小異中而有大別！

（一）宋「雜劇」5 個角色：「末尼色主張」、「末尼為長」，自然指他是戲班靈魂人物，在戲班是班主，主持劇務，《藍采和》雜劇，鍾離權到「許家班」渡化，開口就問：「你那許堅『末尼』在家麼？」我們也從戲曲出土文物俑像，他都是用手勢似在支配他人。

（二）「裝孤」也稱「孤裝」，是扮成官員的模樣（呂洞賓就是裝孤），多數是戴著展翅幞頭，穿大袖圓領袍服，腰繫帶，手執朝笏，足登烏靴。因為官是國家有品秩的公務人員，是不允許冒充的，戲臺必須有官員角色，才能湊成一臺戲，所以便稱他是「裝孤」——古代皇帝自稱「寡人」，官僚自稱「孤家」，表示他有尊嚴，自別於平民百姓之外。

（三）「裝旦」（藍山景）或稱「裝旦色」或稱「引戲」；「引戲色分付」，居劇中斡旋地位，舞臺上以花旦應工，體態優美，上上下下含有「分付」串場作用，如藍采和：「著王把色引著裝旦色去」，見機行事，輕盈活潑帶動一臺戲的運作。杜善夫〈莊家不識勾闌〉散套：「一個女孩兒轉了幾遭，不多時引出一夥」，指她引出一群演戲角色，這是鄉下莊家漢在劇場看到的「引戲」的做表。王國維《宋元戲曲考》云：「至裝孤、裝旦二語，亦有可尋味者，元人角色中有孤、有旦，其二者非角色之名。孤者，當時官吏之稱，旦者，婦女之稱。……優伶本非官吏，又非婦人，故假作官吏、婦人，謂之裝孤、裝旦也。

（四）「副末」與

（五）「副淨」，在戲曲發展史中，淵源晉朝「參軍戲」，十分重要，本稿下節詳述之。

四、副末、副淨與參軍戲之關係

根據唐・段安節《樂府雜錄》云：「開元中，黃幡綽、張野孤『弄參軍』；始自漢館陶令石耽。耽有贓犯，和帝憐其才，免罪，每宴樂，即令衣白夾衫，命俳優弄辱之，經年乃放。」另一種說法，見《太平御覽》卷569引〈趙書〉：「石勒（後趙）參軍周延，為館陶令，斷官絹數萬疋，下獄，以八議，宥之。後每有大會，使俳優著介幘，黃絹單衣；優問：『汝何官？在我輩中。』曰：『我本為館陶令。』抖擻單衣曰：『正坐取是入汝輩中。』以為笑！」此兩說未知孰是？然為「參軍戲」之源則無疑。如此古劇「參軍」一角，不是假官，便是罪犯。

1973年新疆省吐魯番縣阿斯塔那村，發掘唐左衛大將軍張雄夫婦墓葬，出土剛整的「絹衣木俑」──男絹衣木俑7件，完整的2件，木俑戴介幘，穿黃絹單衣，腰繫帶，相貌醜陋，猥瑣不堪。「單衣」是晉朝咸安年間（371）的服制：「平巾幘」、「單衣」為見尊者之服，此絹衣木俑可能是「弄參軍」的木俑（註二）。又1957年陝西省西安市何家村，發掘唐雲麾將軍鮮于庭誨墓葬，出土一對三彩戲弄俑，頭戴軟巾，身著圓領窄袖綠色品服，腰繫帶，足登長靴。1個雙眉緊皺，撇嘴俯視；1個噘嘴瞋目，拱手站立，兩人面目愁苦，好像滿腹冤屈無處申訴。又1951年南京市出土一對南唐戲弄俑，俑者為1男1女，高冠，長袖袍，

男俑袒腹，容貌誇張，肢體扭曲，作舞弄狀。這對戲俑似為晉、唐過渡到宋元雜劇之戲曲文物，對「參軍戲」研究，不無參考價值。

　　元・陶宗儀《輟耕錄》卷 25〈院本名目〉有云：
　　院本則五人：一曰「副淨」，古謂之「參軍」；一曰「副末」，古謂之「蒼鶻」。鶻能擊禽鳥，「副末」可打「副淨」。

　　明・朱權《太和正音譜》亦云：「副末執磕瓜以扑靚（淨）。」我們從上述溫縣王村出土宋雜劇 5 個角色的雕磚觀察，那第 4 人便拿著「朴擊」他人，類似「木刀」的器具，他應是「副末」，第 5 人自是「副淨」。宋「雜劇」的表演，就是以他兩人為上下手的要角，肩負煥發全劇精彩之任務。

　　「副末」的任務：「副末色打諢」。侯寶林《相聲溯源》（註三）開玩笑就稱是「打諢」，其動人關鍵之處：一抖響最後包袱，二高度誇張的語言，三維妙維肖的模擬，四輔以形體動作，具備這 4 個要點，「打諢」的角色便成功，觀者大悅。

　　「副淨」的任務：「副淨色發喬」。「喬」就是假飾矯裝。《相聲溯源》謂「發喬」是學特殊方式表演，其意義有三：一模仿，二虛擬，三滑稽。《東京夢華錄》有「喬相撲」，就是模仿摔跤。現代遊藝節目中，還看到一個表演人，紮成兩個軀體，演者模仿兩個人摔跤動作，撲倒又爬起來，看起來就像是兩個力士在摔角，糾纏在一起，動作認真，滑稽有趣。又如「老揹少」飾一老者吃力的揹著一個年輕小腳的少婦，他不勝荷負之苦，都屬於「喬」的類型表演。宋代「發喬」專業演員，有劉喬、重明

喬、眼裡喬；節目有「喬影戲」、「喬捉蛇」、「喬賣藥」，享名於時。現在本省電視也常用「喬」這個字。

現代「相聲」演員 2 人在場上，他們一個稱「逗哏」（《ㄣ、），一個稱「捧跟」，拿著扇子打對方來取笑；原來這「打」的動作，是淵源於「鶻能擊禽鳥」的歷史典故，尚不可以等閒視之。

五、副淨朴副末的歷史紀錄

王國維說宋雜劇的角色：「副淨為主，副末次之。」我對這個事理持相左態度；因為我感覺「副末」相當於京劇的「丑角」，「副淨」相當於「二花」（假設這說法沒錯）；「丑角」表演藝術，往往高於「二花」。「丑角」有主戲，如法門寺的「賈桂」；「二花」祇是配角「劉彪」，那有主角被配角「打」的道理？這樣的邏輯，想來有理，也是難以「自圓其說」的。如《新五代史》卷 61〈吳世家〉（十國之一）第 1，吳王「楊行密」傳；行密次子楊隆演嗣立：「徐（知訓）氏之專政也，隆演幼懦，不能自持，而（徐）知訓尤凌侮之。嘗飲酒樓上，命優人高貴卿侍酒，知訓為參軍（副淨），隆演鶉衣髽髻為蒼鶻（副末）。知訓嘗使酒罵坐，語侵隆演，隆演愧恥涕泣，而知訓愈辱之。左右扶隆演起去，知訓殺吏一人，乃止。」這位「參軍」好威風，殺官員示警。隆演這「蒼鶻」敢朴擊知訓「參軍」嗎？

總之，宋雜劇中的「副末」與「副淨」之間，關係複雜又自相矛盾，隨手都可以舉出許多事例，「刻舟求劍」是行不通的。

六、露臺弟子丁都賽的形像

宋·孟元老《東京夢華錄》卷7〈駕登寶津樓諸軍百戲〉云：

> 駕登寶津樓，諸軍百戲呈於樓下。後部樂作，諸軍繳隊，
> 『雜劇』一段；繼而露臺弟子『雜劇』一段。
> 是時弟子蕭住兒、『丁都賽』、薛子大、薛子小、楊總
> 惜、崔上壽之輩，後來者不足數，合曲舞旋訖。……雅態
> 輕盈，嬌姿綽約，人間但見其圖畫矣。

《東京夢華錄》著者孟元老，宋紹興17年（1174）自序。他
於崇寧癸未（二年、西元1103年）入京師，靖康丙午（二年、西
元1126年）南徙寓東京（開封）23載；此書追記南渡之後，東
京當年盛況。他所記述「露臺弟子」6人的姓名，都是真實的，
不僅當年「人間但見其圖畫」，現在，我們亦發現「丁都賽」的
畫像磚，頗使我們對宋雜劇演員裝扮形像，有了更深一層的認識
了。

「丁都賽」畫像磚，長28公分，寬8公分，厚3公分，呈青
灰色，磚質堅實，畫像出於良工之手，此磚未詳來源，現庋藏於
中國歷史博物館（註四）。

丁都賽畫像的服飾，是內著抹領（外服內有襯衣），外罩開
叉腰的緊身窄衫，繫帶，緊褲及襪，足登靴子，頭上渾裹高簇花
枝。她的裝束，與宋代一般伶人不同的，最特殊的是在她下半
身，那是最時髦由契丹傳來的「進口貨」，稱「釣墩服」（註
五）。《東京夢華錄》元旦朝會：有夏國使副，皆金冠短小樣
製，服緋窄袍，金蹀躞，吊墩背；丁都賽就是這樣子。我為甚麼

對丁都賽這女伶，強聒不已，一是雕磚刻有她的名字「丁都賽」名款，是「正牌商標」，是我研讀戲曲史，唯一看到真實不虛鐫刊的戲曲演員形像，與明王圻《三才圖會》所擬的人物形象，每個人大致相同，區分何在？

與丁都賽共同列名的 6 位藝人蕭住兒等，也是北宋都城民間著名的藝人，因宋代都城民間著名的藝人，因宋代教坊裁併員額，她們便轉向「瓦舍」遊樂場所為「露臺弟子」。丁都賽年資較淺，但她是年輕貌美走紅的好女角，技藝超逸儕輩，受到觀眾歡迎，她的年代在大觀以後，政和、宣和之間，即西元 1111 年至 1125 年之間。

七、宋雜劇「鞭帽六么」與「眼藥酸」絹本冊頁

現在，我們還看到兩幅宋人「雜劇」絹本冊頁（註六），從畫面所鈐「晉府圖書之印」的收藏章，知道它是明太祖朱元璋第三子朱棡，洪武 11 年（1378）就封太原為晉王，此冊頁是他家的珍藏。明代親王藩邸，例稱「Ｘ府」，如十二平均律發明者朱載堉，他的藩署，就稱「鄭府」。此冊頁已歸公家收藏，有精緻彩色圖版傳世，供人快睹、參考。茲將其冊頁繪事敘述於後：

（一）「鞭帽六么」：畫面是兩個女扮男裝演員，相互拜揖，在右邊的演員，頭戴軟巾，但將軟翅結紮在頭上，身穿大紅衫子，外罩短袍，腰間繫有一個包袱，腳脛上套有裹腿，短襪，小腳尖鞋。她身邊有一頂「斗笠」（帽）及尖扁擔繩索。在左邊的演員，頭戴羅帽，簪著一朵鮮花球，身穿紅色滾邊的對襟長衫，內有抹胸，腰間繫有圍腰，長統褲，小尖鞋。她背後有一面

三腳支架的扁鼓，鼓上面放著擊鼓的「箭子」（鞭）及一副竹片串連成的「甩子」（今稱碎子），是演唱曲藝的節拍樂器。由於「笠帽」與「鼓鞭」，這幅畫疑是宋〈官本雜劇段數〉中的「鞭帽六么」？英文漢聲出版社的《戲曲年畫》，說它「人物裝扮，很像後世的『摸帽戲』。」

　　（二）「眼藥酸」：一位眼科醫生，戴著高而尖的「無常帽」（大概諷刺患者向鬼請藥求診），身穿滾邊絳色大袖長袍，背著一口藥袋，他橫身上下都畫滿「眼睛」的漫畫，用右手指著對方的眼睛，他顯然是一位自吹自擂的江湖似的眼科醫生。對方為一年老的眼病患者，用右手指著自己眼睛，向醫生訴說病情，畫面幽默、盼顧有情。宋〈官本雜劇段數〉中，有「眼藥酸」，也許正是此絹畫？「酸」是形容「書呆子」酸裡酸氣，醫生是「書生」，此畫冊真形神俱妙的宋「雜劇」寫實。值得注意的老者手臂上，有明顯「刺青」，這是南宋時期市井小民最熱衷的遊戲，當年還結成「錦繡社」，並比賽誰的「紋飾」最漂亮。

　　這兩幅南宋雜劇表演的圖畫，使我們對當年演戲場面、扮像與服飾，得到相當認知；尤其他們的左邊，都是有同形式的三腳支架的大扁鼓，表示演雜劇除「御前雜劇」祇見科白外，在民間可能要說說唱唱的，不然在畫面上沒有畫「三腳支架扁鼓」的必要？再說「鞭帽六么」，「鞭帽」是劇情，「六么」是曲名；「六么」即「綠腰」，是唐代琵琶曲名，也是舞蹈名。演這劇大概是歌唱「六么」這隻曲子。間接表示了元雜劇是承襲宋雜劇風格。

八、宋雜劇搬演畫像磚

　　宋「雜劇」演出情節，與角色行當、形像，由上述各節，大致獲得瞭解，至於當時如何搬演，尚未得其詳？根據 1958 年 4 月，河南省偃師縣酒流溝水庫西岸，清理宋墓一座（註七），除出土器物之外，在墓室北壁下半部，有 6 塊宋代人物的雕磚；其中三塊為廚侍治具畫像，其餘 3 塊為宋雜劇搬演畫像。據專家研究，稱此磚為「豔段」、「正雜劇」、「雜扮」，是否獲得肯定，尚待更多出土戲曲文物為之佐證。茲將宋雜劇搬演磚內容敘述於後：

　　第一塊磚：畫面僅一人，頭戴幞頭簪花枝，身穿圓領長袍，束腰帶，手持一幅立軸，軸上露出一彎新月。此人上身微俯，好像正對觀眾獨白。這種形像，疑是「豔段」或「引首」，雖無直接證據，但與「正雜劇」、「雜扮」顯然不同。《輟耕錄》云：「燄段（豔）取其如火燄易明易滅也。」表示好戲開場，簡單說明主旨如何而已。

　　第二塊磚：畫面為兩人。右邊一人戴展角幞頭烏紗帽，身穿圓領大袖袍服，左手秉笏，右手握在笏的中間，正在傾聽對方言談。左邊一人戴東坡巾，穿圓領長袍，前襟掖起，露出雙膝，右手捧著一個包袱，似為現代戲曲中印信之物，左手指著對方，似在細訴。

　　宋代雜劇演出簡短，含有諷刺意味的故實，以滑稽取勝，此段搬演人的形像，其所穿戴與所持之物件，以及面貌表情，似乎很嚴肅一本正經的模樣，它大概是宋「滑稽戲」的正雜劇「兩

段」。

　　第三塊磚：畫面也是兩人，右邊一人頭上渾裹軟巾，穿長衫，敞胸露腹，我認為這種「敞胸」的演員，他們都是紋身者，否則沒有「袒腹」的必要；祇是未刻劃出來？腰繫帶，下穿褲，裹腿穿襪，左手托著一個鳥籠，右手指著，雙目注視，張口唱歌，腳邁丁字步踏舞。左邊一人，花冠渾裹，穿長衫，腰間結紮布帶，腳穿襪，雙腳也邁丁字步，右手拇指與食指置於口中，正在打「口哨」，左手握著布帶。此二人似正在按著音樂節奏，扭動身軀，表演劇情。這種形像可能為「雜扮」。

　　宋・吳自牧《夢粱錄》云：「雜扮即雜劇之後散段也。頃在汴京時，村落野夫罕見得入城，遂撰此端，多是借山東、河北村叟，以資笑端。」現代「相聲」也是常常學方言以取笑樂！

　　以上三塊雜劇搬演雕磚，共五個角色，他們分別是「引戲」（裝旦）、「末尼」、「裝孤」、「副淨」、「副末」一根據山西侯馬金墓出土的戲臺人物形像比較：副淨是一位紋身者，副末卻拿著打人的物件，又打作「口哨」，姑如此假定吧？可是「眼藥酸」絹畫，持「竹刀」的患者，他背後插著一把破扇子，卻清楚看出是個「淨」字的角色。由此可見宋雜劇的表演藝術，對元雜劇角色是極為相關的。

九、結　語

　　戲劇文物出土的俑像，是「移情藝術」作品，它們不能用語言來傳達情感，全靠藝術家在生活體念中，用技法昇華出來一些

「記號」（Semiotic），如拿著棒子，吹著口哨，代表某種形象。我們研究戲曲俑像，就必須置身其中，才能探索到它的語言是甚麼？它的思想與歷史軌跡又是甚麼？用歸納法並不一定有效，反之，演繹法還可幫助我們推理出一些頭緒，等待將來更多出土文物，伸引所論！

【附　註】

一、廖奔（1984）：溫縣宋墓雜劇雕磚考。文物月刊第八期，73-79。北京。

二、陳萬鼐（1984）：唐代偶戲的研究。中韓偶戲觀摩展特刊，26-33。臺北市。

三、侯寶林（1982）：相聲溯源。人民文學出版社。北京。

四、劉念茲（1980）：宋雜劇丁都賽雕磚考。文物月刊第二期，58-62。北京。

五、沈從文（1981）：中國古代服飾研究。龍田文化事業公司。臺北。

六、周貽白（1959）：南宋雜劇舞臺人物形像。文物精華月刊第二期，30-32。北京。

七、董祥：河南省偃師縣酒流溝水庫宋墓。考古月刊第九期，80-85。北京。

本稿發表於民國二〇〇六年三月，國立臺灣藝術教育館《美育》雙月刊第 150 期，84-90 面。

柒、元代的「勾闌」

——古戲臺巡禮

一、楔　子

　　我近年研究元曲音樂的興趣，似乎轉向於「元人雜劇」的本體，計畫從人文主義的觀點，探討元朝劇場（當場稱為「构欄」、「勾闌」、「勾肆」）——戲班的生活情形。這個專題想將它寫得十分翔實，故而對於當年戲班的細微末節，都曾涉獵。

　　研究元代戲班，有一本重要的曲籍，那就是《漢鍾離度脫藍采和》雜劇，簡名《藍采和》，可以說是「戲」中之「戲」，所以活化了劇場的情形。該劇描寫一個姓許名堅的班主，藝名「藍采和」，他妻子喜千金，兒子小采和，媳婦藍山景，表兄弟王把色、李薄頭等，全家人都以戲劇為職業的「共同生活戶」；班名「梁園棚」，地址在汴梁（今河南省開封市）。雖然藍采和是演藝超軼儕輩伶人，但他有半仙之份。一日，大羅神仙鍾離權（俗稱「漢鍾離」）下凡，化身為一道士——元朝人稱道士為「先生」，到梁園棚「找碴」；首先他亂坐位子，後來「點戲」百般的刁難；又在藍采和五十歲生日這天，渾說犯忌諱的言語，最後以該戲班班主「延誤官身」（即違反官府召喚服義務役）的由

頭，拘留了藍采和，並判扣廳責打四十大棒。那知這官府的州官，是鍾離的徒弟呂洞賓幻化的。如果藍采和情願隨鍾離出家就免了這場刑責。結果藍采和拋下妻子與全班的人員，隨鍾離而去，從此素孚盛名的大戲園，淪為衢州撞府的流動小戲班子！

駒光如駛，三十年後，喜千金九十歲，王把色八十歲，李薄頭七十歲，都老了，做不得營生，祇能替晚輩們演戲時，擂鼓打鬧臺。這時藍采和突然回到戲班裡，依然是當年模樣，一點不曾老。大家便要求藍采和演幾場戲，賺點盤纏還鄉，藍采和也就應允了。迨他到後臺裝扮，揭開帳幔，祇見鍾離權與呂洞賓端坐在帳內說：「許堅你凡心不退裡那？」「你不是凡人，乃上八仙數內藍采和是也！今日功成行滿同登仙界。」

《藍采和》這本雜劇是依託中國民間象徵吉祥如意，福祿壽考八洞神仙傳說而來，在元朝蒙古人統治下，士人抑鬱落寞，社會充斥不安情形下，這種「神仙道化」度脫劇，無異是一劑清涼散，受到觀眾歡迎。該劇是根據宋李昉（925-996）《太平廣記》〈神仙〉「藍采和」記述為本事（註一），此係記係引自《續神仙傳》，故劇中若干重要情節，囊括其間。

《藍采和》雜劇，是元朝中期初年作品，著述極合於元劇集範，惜作者佚其名氏。惟作者非常瞭解當時優伶的處境，極其深入描寫戲班內的習俗，內容廣泛，可謂研究元代戲班第一手資料。該劇曲辭、曲白應用了許多「專門名辭」，現在我們一部分可以望文生義，一部分可以參考其他有關戲曲史料詮釋；最重要的，還是以近 50 年來所出土、發現元代戲曲文物作實證。

二、《藍采和》和雜劇曲詞中專門名辭

《藍采和》雜劇中有關「勾闌」（以下本稿統一用此二字）曲詞、曲白，茲摘要列後：

一、〔沖末〕（鍾離云）：「貧道按落雲頭，直至下方梁園棚內勾闌裡走一遭，可早來到也。（做見樂床坐科）」（第一折）

二、〔淨〕（王把色云）：「這個先生，你去那裡神樓上或腰棚上看去；這裡是婦人做排場的，不是你坐處。」（第一折）

三、〔末〕（藍采和云）：「老師父，你去腰棚上看去，這樂床上不是你坐處，這是婦女做排場在這裡坐。」（第一折）

四、〔沖末〕（鍾離云）：「你是甚麼好馳名的行院？」（第一折）

五、〔末〕（藍采和云）：「兀那潑先生，你出去！擾了一日做場。」「既然他不出去，王把色鎖了勾闌門者。」「兀那潑先生你聽者，今日攪了俺不曾做場，若是明日再來，打擾俺這衣飯，我選幾條大漢，打殺你這潑先生！」「你若惱了我，十日不開（勾闌）門，我直餓殺你。」（第一折）

六、【南呂宮·尾聲】（藍采和唱）：「再不將百十口火伴相將領，從今後十二瑤臺獨自行。我那時財散人離陪下情，打喝處動樂聲，戲臺上呼我樂名。我如今渾

不渾、渾不濁、醒不醒，藍采和潑聲名，貫滿都城。
幾曾見那扮雜劇樂官頭得悟醒。」（第二折）

七、〔淨〕（王把色云）：「我們都是老人家，你正是中
年，還去勾闌裡做幾日雜劇卻不好。」（第四折）

我們從以上徵錄《藍采和》雜劇的劇本的曲詞，計有「梁園
棚」、「勾闌」、「神樓」、「腰棚」、「樂床」、「做排
場」、「行院」、「做場」、「戲臺」、「樂名」、「樂官頭」
等等，其中提到「勾闌」較多，全劇共出現十九次。從這裡面顯
示出來「勾闌」是「梁園棚」中的部分建築物，質而言之，「梁
園棚」是個「劇場」，「勾闌」是劇場中的「舞臺」；卻被廣泛
視為「劇場」。「行院」也是劇場，屬於流動性的較多，規模較
小。劇場內有「神樓」（貴賓席）、「腰棚」（普通席）；舞臺
上有「樂床」。舞臺也稱「戲臺」，演員的藝名稱「樂名」，班
主稱「樂官頭」。演藝人員的表演稱「做場」；「做排場」與
「做場」是不同的兩件事。

三、元代勾闌實際情形

「勾闌」在兩宋時期「瓦舍眾伎」中，已賦予它以營利為目
的商業價值觀，是市場經濟的產物，起源甚早，與人類經商活動
密切關連。「勾闌」最初可能就在平地上進行，因為不便於眾多
觀者觀賞，或置於「四方高中央下」的〈宛丘〉（詩經陳風），
又或置於較高的坡地上，於是漸漸從平地拔起，支撐起蓆棚，開
創臨時性的「草臺」，慢慢形成固定性「舞臺」。為了演員與觀
者區隔，架起欄杆，以免演員演出失手，墜落於臺下，摒絕臺下

觀者攀上舞臺，「构欄」的意義，係如此起源的。

「勾闌」的文獻，見於著錄的：有東漢應劭《風俗通》云：「漢文帝廟，設抱老构欄。」註云：其构屈曲如，以妨人墮。北魏酈道元《水經注》〈河水〉：「吐谷渾於河作橋，……施勾欄甚嚴飾之」。唐人詩集內，也常見此名辭，如王建〈宮詞〉：「風簾水閣壓芙蓉，四面勾欄在水中。」李商隱〈倡家〉詩：「簾輕幔重金勾欄。」敦煌莫高窟，唐人繪「西方淨土經變」壁畫，16 位伎樂天人，分坐兩旁，演奏仙樂，2 舞伎天人舞蹈，皆列位於蓮池露臺水閣勾闌之上，玉音遙聞，仙凭遨遊，好一片極樂世界。宋人陳暘《樂書》所繪「熊羆案」，也是勾闌性質的俗樂，等於一座活動舞臺，表演完畢，就可拆卸運走。韓國《朴通事諺解》云：「今按北京有東勾闌、西勾闌，京師樂工所住處。」宋代的勾闌，不但有文字紀述，而且還是一般國民，六大生活條件必需品之一，詳見《都城紀勝》、《東京夢華錄》諸書。

曾經歷元代「勾闌」生活，並翔實記錄勾闌的人，首推金末元初，與關漢卿、白樸同時代的杜善夫。善夫名仁傑字仲梁，濟南長清人，由金入元，屢徵不起，人稱「杜散人」。他性詼諧，氣銳筆健，藉著莊家漢的身分，描述當年勾闌的場景，而且還以「草地郎」愚直，絲毫不加修飾的口述。他用元曲【般涉調】〈耍孩兒〉散套，寫出「莊家不識勾闌」這套曲詞，寫實莊家漢在城市中勾闌裡如何看戲：

> …正打街頭過，見吊個花碌碌紙榜，…見一個打撐著椽做的門，高聲的叫請請，…要了二百錢放過，咱入得門上個木坡，見層層疊疊團團坐，抬頭覷是個鐘樓模樣，往下覷

卻是人旋窩，見幾個婦女向臺兒上坐，又不是迎神賽社，
不住的擂鼓篩鑼。……則被一胞尿，爆得我沒奈何，剛捱
剛忍，更待看些兒個，枉被這驢頹笑殺我！

以上是莊家漢對於「勾闌」的建築觀察，與經營方式，使我
們後世對於元代勾闌情形，得到相當認識：勾闌演戲，須事先在
街道上張貼花花綠綠的廣告，召徠觀眾。勾闌大概是永久性的封
閉式木建築，但也相當結實，《輟耕錄》記載至正 22 年
（1362），松江縣一處勾闌棚阽倒塌，壓死 42 人，其中有和尚一
人，道士（先生）二人，《藍采和》雜劇，也說鍾離既不出去，
便鎖了勾闌門，十日不開門直餓殺你。勾闌有一個「橡門」－用
圓木為門框，門上掛著布簾，須先花二百錢為入場費（不須購門
票），才能進入。日本【唐土名勝圖繪】：入門處有一棹子，棹
子上放著條橙，橙旁立二人收錢。第一眼看到勾闌裡面盡是「木
坡」，可見這劇場是方形或馬蹄鐵形的，周圍都是坡面式的一層
層坐位；但也有像「鐘樓模樣」獨立式的面對舞臺的看臺－「神
樓」（貴賓包廂）；也有很多人站在木坡座位的下面空地上，推
來擠去的形成「人旋窩」，現代稱這空地為「池子」，站票等於
「池坐」。這時莊家漢，看到觀眾席對面，有一個背靠牆壁的舞
臺，目光由三方焦聚於中央，舞臺上有幾位婦人坐在臺上。這種
劇場，如我若干年前在花蓮看到「山地歌舞劇團」情形一樣，在
國外如狄斯尼樂園等遊樂場所附屬表演劇場，大致相同。接著鑼
鼓響起，好戲開始，他祇看到「院本」──鬧劇，這日正戲是
「調風月」與「劉耍和」，還未上演。劇場大概沒有公廁設備，
被一泡尿漲得無可奈何，怎樣的忍捱也受不了了，祇得出場去方
便；這時被收錢的禿子，對他笑了笑。也許規定觀眾出去，就不

能再進入，因為沒有憑證票券之物，隨便進進出出，難以辨識，不易管理。

在「莊家不識勾闌」的眼底，這「勾闌」應該稱為「劇場」－一個表演的場所，建築包括兩大部分：

（一）是供參觀觀眾觀賞演出的地方；

（二）是供戲劇演員演出的地方，前者稱「觀眾席」（Audi-torium），後者稱「舞臺」（Stage），這兩部分，由一個洞開的部分」所結合，觀眾是透過這「洞開部分」去「看」、去「聽」，這部分稱為「舞臺鏡框」（Procenium）。（註二）

莊家漢從「舞臺鏡框」中，先看到「一個女孩兒轉了幾遭，不多時引出一夥（演員）」演戲。從這點看，舞臺已有前、後臺之分，當然就有上、下場門，當年稱「鬼門道」或稱「古門」。如元佚名《貨郎旦》雜劇，〔李彥和向「古門」云〕：「主人家，我認了一個親屬，我如今回家去也。牛羊都交還與你，並不曾少了一隻。」前、後臺用「靠背」（大幕）區隔，幕上畫劇團的團徽，或是繪畫故事人物，如山西省洪洞縣水神廟，女伶「忠都秀在此作場」的大壁畫，幕上畫的是「灌口二郎神斬健蛟」故事。現存元代古戲臺，在距臺口三分二的左右牆頂上，還存有釘懸掛「靠背」鐵圈的痕跡，可見後臺是全臺的三分之一，供演員化裝、扮戲之用。

元朝的勾闌，究竟是甚麼樣式？我曾銳意的蒐集它的圖版，可惜一張都不曾尋獲，這與中國古代透視畫法，與板畫手工業，有相當的關係。我們從上述元代勾闌的平面報導，想必它是非常難以繪畫的。明唐寅〈閶門即事〉詩有云：「若使畫師描作畫，畫師應道畫難工。」誠然。

四、元代廟宇戲臺的異名

　　山西省自省垣中部南下，古平陽地區一帶，為唐堯時期帝都，迤邐6州28縣，更是金元雜劇及戲臺文物淵藪之區，僅就戲臺古跡一項，足以傲視全國。惟未見稱「戲臺」為「勾闌」者，而常見為下列各種異名：

　　（一）舞亭：山西萬泉（現改萬榮）縣橋上村宋代聖母廟，宋天禧四年（1020）5月15日立「河中府萬泉縣新建后土廟記」碑；此碑記載「舞亭」規模宏偉。乾隆23年（1558）刊《萬泉縣志》（國立故宮博物院藏本）載：「修『舞亭』都維那頭李延訓」等18人。此「舞亭」磚砌木構，是中國舞臺見於地方文獻最早記錄，距今約1000年，不幸毀於中日戰爭。「舞亭」碑記，與縣志所載相符。

　　（二）舞樓：山西沁縣關帝廟，宋元豐2年（1079）立「威勝軍關亭侯新廟碑記」，記載此廟周圍地基深37丈，廣11丈4尺，正殿三間，「舞樓」一座，南北廊上下共20間。事實上這廟宇的「舞樓」，剙建於北宋熙寧末年。於今片瓦不存，惟「綠天深處識殘碑」，留供憑弔而已！

　　（三）舞廳：山西萬泉縣太趙村稷王廟，樑架上有「大元國至元25年（1288）重建正殿功畢」題記；現大殿前尚存原建「舞廳」臺基中心，橫嵌一塊小石碑－「舞廳石□」，記載：「今有本廟，…等謹發虔心，施其寶鈔二百貫文，剙建修蓋『舞廳』一座，刻□斯石矣。」「舞廳」構建於至元8年（1272），當然是宋末元初原建，民國13年（1924）又有「重修稷王廟戲樓碑

記」。此時「舞廳」已改稱「戲樓」。它是年款最清楚的戲臺，祇是經過多次修葺，已不能用現代保存古文物標準「整舊如舊」的態度，去要求它的本修原貌。

（四）露臺：山西芮城縣東呂村，元致和元年（1328）興建演戲露臺，有「刱修露臺記」碑一方，主事人是「蒙古人帖蠻。」「露臺」顧名思義，它是沒有頂蓬（或屋頂）高出於地平面的石平臺，可供各種遊藝表演之用，現河南登封縣嵩山中嶽廟，在廟門與正殿之間，就有一座大型的「露臺」，山西萬泉縣廟前村后土廟也有一座典型「露臺」。根據歷史演進法則與行為科學，任何事物，都是由簡而繁，由粗糙而細微，露臺這名辭雖不彰顯，其實應較「勾闌」產生早古。

「露臺」另外還有一種意義，宋‧孟元老《東京夢華錄》稱「教坊弟子」為國家豢養職業固定性的樂人，「露臺弟子」就是民間自行組班的樂人，如遇國家重要典禮，「教坊弟子」人數不敷用時，便徵調「露臺弟子」當差。由此可見「露臺弟子」當差。由此可見「露臺弟子」就是「勾闌演員」的別名。北宋汴梁與南宋臨安，有一種極大型而臨時結合表演遊藝的場所，稱為「瓦子」，或稱「瓦舍」：如「街南桑家瓦子，近北則中瓦，次裡瓦，…內中瓦子蓮花棚，牡丹棚，裡瓦子夜叉棚，象棚最大，可容數千人。」《東京夢華錄》卷 2，瓦子裡除演雜劇以外，有說書、相撲、踢瓶弄碗、傀儡戲、商謎、教飛禽，影戲、唱諸宮調、說渾話、裝秀才、學鄉談等節目，真是爭奇鬥巧、百戲繽紛，並夾雜一些販賣物品與賣小喫攤販在內。「瓦子」等於是一個現代遊樂園，內各設攤位，其中具規模的是樂棚，亦即「勾闌」。據《東京夢華錄》說：瓦子內有「勾闌」50 餘座，《夢梁

錄》說 17 座，《西湖老人繁盛錄》說 13 座，《武林舊事》說 23
座，這些勾闌並非完全是演雜劇專業的。其中有「女流史惠英、
小張四郎，一世祇在北瓦，占一座勾闌說話，不曾去別瓦做
場。」（《西湖老人繁盛錄》）。本稿所述《夢粱錄》4 書，皆
《武林掌故叢編》本。還有演雜劇的，沒有「勾闌」怎樣辦？
「或有路岐不入勾闌，祇在耍鬧寬闊之處做場者，謂之『打野
呵』。」（《武林舊事》卷 6）

　　以上所敘述「舞亭」、「舞樓」、「舞廳」、「戲樓」包括
「露臺」，大都含有載歌載舞的性質在內，提供信眾一種娛樂場
所。（註三）而且它們又屬於廟宇附屬建築物，與正殿同在一縱
軸中心線上，演戲原是為了酬神與祈福，平民百姓在廟前觀劇，
是沾天神的光。這類舞臺可以狹義稱它是「廟宇戲臺」或「廟
臺」；相對的，以「衣飯」為目的，可以廣義稱為「商業戲臺」
或「勾闌」；「勾闌」也就是「劇場」。如：

　　一、奴家今日身已不快，懶去勾闌裡去。（宦門子弟錯立身
南戲）

　　二、如北瓦羊棚樓等，謂之遊棚。外又有勾闌甚多，北瓦內
勾闌二十三座，最盛。（《武林舊事》）

　　三、松江府前勾闌鄰居顧百一者，…有女官奴習謳唱，每聞
勾闌鼓鳴，則入。（《輟耕錄》）

　　四、李定奴歌喉宛轉，善雜劇。勾闌中曾唱〈八聲甘州〉喝
采八聲。（《青樓集》）

　　五、每日價坐排場做勾闌，秦箏象板，迎官員接使客，杖鼓
羌笛。（《復落娼雜劇》）

　　由此可見，這些演員都是以「勾闌」為營業場所，所以說，

勾闌是「商業戲臺」或「劇場」，應該無大訛誤。

五、金朝董玘堅墓葬出土的戲臺模型

　　1959 年春，山西侯馬市西郊侯馬鎮西，發現一座金代的墓葬，墓用磚砌成，墓室長與寬均約 3 公尺，高約 4 公尺，係一單室仿木構的正方形券頂墓式，有墓道、墓門、墓室 3 部分。墓門向南，從買墓地契文，知道墓葬主為董玘堅、董明兄弟，墓買於金泰和 8 年（1208），越二年金大安二年(1210)下葬；時亦為南宋寧宗嘉定元至三年——金朝亡於一二三四年，蒙古元人正逐鹿天下，至元八年（1272）建國號「蒙大元國」。

　　墓室北壁上端，有磚砌舞臺一座，其實是舞臺模型的明器，供亡者冥中受用。該舞臺正面總寬 77 公分，臺面寬 56 公分，進深 18.5 公分，臺基高 1.2 公分，全高 101 公分，檐寬 90 公分，出檐 10 公分，它的砌法，極其精緻。在墓室堂屋的北面，豎兩根八角短柱，距地 1 公尺餘，柱上托舞臺。舞臺邊緣飾下垂如意頭連珠牙子，臺面上豎兩根八角柱，上托普柏枋，設三朵斗栱，補間舖作的大斗上，還伸出一昂嘴。拱眼壁刻童子戲蓮花，上接僚檐枋，屋檐兩角上翹，刻檐緣滴水。正面歇山頂，有搏鳳懸魚圖案，正脊與垂脊下端刻張嘴獸。這座結構精巧磚雕舞臺，傳承了早期「露臺」的建築基礎，而過渡到現代於山西省各縣市，所發現金元「亭榭式」舞臺的形制，提供詳細可靠，互相比對的實證。該墓現拆遷於侯馬博物館門前復原，以裨益於研究元代戲曲專家學者參考之需。我於 1993 年 8 月，組參「戲曲之旅」訪問團，參訪山西戲劇古文物，曾在該館徘徊多時，深覺珍貴文物未

經任何人修飾，典型猶存，不勝欣慰。

侯馬出土金墓葬中的舞臺，在舞臺上有 5 個彩繪的樂俑，正在搬演「金院本」。這五個角色：左起第一人，巾裹敷粉墨，穿花布直裰，以右手拇指、食指含在嘴中打「胡哨」，他應是金院本中「副末色」；第二人是「粧旦」，即引戲。居中者戴卷角幞頭，穿大紅袍、烏靴，雙手執笏，應是「裝孤」。第四人是「末尼色」。第五人身裁較矮，戴短角幞頭，黃色上衫，下著叉襴，敞胸露腹，應是「副淨色」。這些角色論定，屬於古劇專門問題，大致如此？他們可以簡稱「五花爨弄」。（註四）。

六、現存元代八座戲臺述要

侯馬董墓明器舞臺出土，使我們對於古戲臺形像，得到極為正確的認知；它大概就是模擬商業舞臺的「勾闌」，及「廟臺」模樣，或貴官巨商家庭舞廳形式，加以美術化磚雕而成，現存於山西省晉城縣冶底村東嶽天齊廟金代（1115-1234）舞臺，觀其外貌，與董墓舞臺模型，無異是比肩兄弟，不過此臺是十字歇山頂，其他舞臺也極相似！

古平陽地區（以今臨汾市為中心地帶），在十三世紀元戲曲藝術，已臻於成熟階段，戲臺成為普遍建築，附屬於廟宇不斷興建。根據專家學者實際田野調查，至少有八座保存完整元代舞臺形式：

（一）臨汾市魏村牛王廟至元二十年（1283）舞臺一座，至治元年（1321）重修，舞臺總面積 56.4 平方公尺（相當於臺灣坪數 17 坪餘，約 35 個日本「塌塌米」）。

（二）永濟縣董村三郎廟元至治二年（1322）戲臺一座，明清時代曾四次重修，總面積 64 平方公尺。

（三）翼城縣武池村喬澤廟泰定元年（1324）戲臺一座，總面積 93.3 平方公尺。

（四）臨汾市東羊村東嶽廟至正五年（1345）戲臺一座，總面積 53.6 平方公尺。

（五）石樓縣殿山村聖母廟至正七年（1347）戲臺一座，總面積 27.5 平方公尺。

（六）臨汾市王曲村東嶽元初戲臺一座，總面積 52.7 平方公尺。

（七）運城市三里路村三官廟元初戲臺一座，總面積 47 平方公尺。

（八）翼城縣曹公村四聖宮至正年間（1341-1367）戲臺一座，總面積 51.7 平方公尺。

上列八座元代戲臺，以（一）魏村牛王廟，與（二）東羊村東嶽廟兩座戲臺，為示範重要文物，參觀者絡繹於途，我也曾躬逢其盛。

臨汾市魏村牛王廟，現存正殿與戲臺各一，戲臺座南朝北，與正殿面對，平面呈正方形，臺前豎有兩根小八角石柱，單檐歇山頂，柱頭舖作五舖，重栱下昂計心造，舖間斗栱兩朵，亦作五舖作重栱雙下昂計心造。計心造的斗栱，是一種雙向疊組的體狀斗栱，交叉成十字形，有多層結合的視覺效果，複雜中更顯示出莊重。臺前兩根石柱，東柱上鐫「蒙大元國至元二十年歲次癸未季春豎」、「石泉南施、石人林秀」。這所戲臺最特殊之處，是

它的樑架藻井部分的木構建，凌空戟支與舉折，極其堂皇富麗，誠屬罕見，據說此種形式的藻井，具有舞臺吸收混響效果！（註五）。

七、元代古戲臺特徵檢討

檢討上述金元二代古戲臺，大多屬於是單檐歇山頂，或人字披頂，其特徵像似一座古「亭榭」和古大都會中矗立的「鐘鼓樓」。惟結構體較大，對於臺頂樑架，特別用心。古戲臺一般面積，其深度與寬度均在 7、8 公尺之間，呈正方形，與街坊里鄰人口經濟及廟產有關，無形成為定式，對於演員演出動作發揮，不無受到拘束。古戲臺輒以 3 面砌牆，祇一面「舞臺鏡框」面對觀眾，這雖對於演員聲腔傳射，產生了擴音器的效果，然對觀眾視野聚焦，大有妨礙，並對於舞臺光源照亮度（指日光），造成模糊現象，談不上現代舞臺光波的優美柔順。改進辦法，就得使戲臺支柱斗栱提高，空間擴充，但又容易引來風雨的襲擊，於是十字歇山頂建築逐漸採行，以使得雨水分向四邊流走……。種種人為因素造成的問題，也為人們智慧與藝師們技術共同克服，邁向科技文明大道前進。（註六）

明朝（1368-1648 年）的舞臺，顯然傳承了元人的經驗，對於舞臺聲光方面，有了改善，仍以山西省，「廟宇舞臺」為例：如

（一）山西太谷縣陽邑村淨信寺戲臺，將整個「舞臺鏡框」全部凸出於背壁（後臺牆）的前方，不僅使觀眾三面看戲，其重

要的是採光，使光源從四週直接射在舞臺上，沒有陰暗的死角，形成最大的曝光圈。

（二）山西介休縣縣城內后土廟戲臺，也是向前凸出，為了將優質的音響，容易傳播到聽眾耳鼓裡，便在臺口左右兩側，建造八字形影壁，將舞臺發音隔絕流向後方，舞臺成為一個大擴音喇叭，按著直線方面輻射。這種方式看起來簡單，對聲樂有點觀念的人，就知道它的效應。

（三）山西翼城縣樊店村關帝廟戲臺，臺口也是向前凸出，它對於音響特別重視，建臺之初，便規仿唐宋人琴房，將臺下掏空，埋置大小相同的「音甕」（比「音缸」為佳，大小一致，西洋中古時期教堂牆壁也有類此設施）及青石鏤空的「音穴」，這種「空谷傳音，虛室習聽」，合於音響科學共鳴效果原理。明中葉以並聯式舞臺成為北方建築風尚。

現代舞臺建築，已成為專門學問，研究如何選擇最佳材質，達到燈光柔和，音質優美要求外，還儘量消除刺眼與幽晦的光線，及雜音回聲干擾，減低了觀眾「看戲」、「聽戲」的樂趣為要務。

八、讀《十日談》感想時事

義大利人文主義者薄伽丘（Boccaccio,1313-1375）名著《十日談》（*Decamerom*），是 1348 年義全國慘遭鼠疫襲擊，因參加佛羅倫斯的聖瑪利亞諾菲爾拉教堂彌撒的七位貴夫人，邀請三位紳士，在傳染病未能有效控制之前，避難到郊外別墅。閒居無

聊，讓每個人每天講一個故事；第三天，是教導人們如何將魔鬼趕入地獄的方法，如此經過十天，一百個有趣的故事書便誕生了。它提升了義大利散文文學的意境，並且開始了小說的紀元。去年（2004）五月，本省不幸面臨「嚴重急性呼吸道症候群」（SARS）風暴，我在家中避塵居靜，讀聖賢之書，養浩然之氣，順便整理成這篇文字，既是利人利己最佳「隔離」方法，又因為專心致志，使身體中充滿了免疫力。並祈禱「十日」之後，災眚民康，特藉此以與讀者勖勉，互祝平安！

【附　註】

一、宋‧李昉著《太平廣記》卷 22〈神仙〉記述為本事，明倫出版社，民國 60 年。

二、聶光炎編著《舞臺技術》，黎明公司，5 面。

三、丁明夷著〈山西中南部的宋元舞臺〉，1972 年（《文物》月刊第四期，47-54 面）。

四、劉念茲著〈中國戲曲舞臺藝術在十三世紀初葉已經形成——金代侯馬董墓舞臺調查報告〉，1959 年 3 月，《中國戲曲研究》等書。

五、紫澤俊著〈平陽地區元代戲臺〉，1981 年，《戲曲研究》十一期，223-239 面。

六、劉慧芬著《古今戲臺藝術與戲曲表演美學》，民國 90 年，文史哲出版社，13-22 面。

本文發表於民國九十三年月，國立故宮博物院《故宮文物月刊》二十一卷十二期，92-105 面。

捌、元曲伴奏的主要樂器

一、弁　言

　　「元曲」是中國文學體裁的名稱，與「唐詩」、「宋詞」、「明清傳奇」，代表一代文學的主流。「元曲」是廣義的名詞，應該細分為「劇曲」與「散曲」兩種；「劇曲」就是舞臺劇，「散曲」就是吟唱。劇曲作家如關漢卿，他的劇作有《竇娥冤》，其他如白樸的《梧桐雨》、馬致遠的《漢宮秋》、鄭光祖的《倩女離魂》，合稱為「元曲四大家」，有《全元雜劇》本（臺灣世界書局印行）。「散曲」作家，可以《四庫全書》〈詞曲類〉第 200 卷「存目」的張可久（字小山）為代表，是清朝「欽定」的元朝詞曲家典型人物，著有《張小山小令》2 卷，說他：「然其寫景，能得樂府之遺，小道可觀。」近人傅惜華輯《全元散曲》本（臺灣中華書局印行）。全書收元人「小令」3853 首、「套數」459 套，可謂盛矣！「戲曲」由「小令」按一定規則，聯成「套數」，「套數」相當於一個「樂章」，當時稱為「折」，每四「折」就構成一部「劇曲」（劇本）。此是一般談曲者熟譜之事，毋庸贅言。

　　筆者所謂〈元曲主要伴奏的樂器〉，是包括「劇曲」與「散

曲」兩方面的，除以元代劇本所涉之事以外，並參考文獻資料，及近50年來考古出土發現文物，為主要論證之材質，特藉本刊一角就正於音樂界同道友好，並盼有以教正之。

二、從近代發現戲曲文物看元曲主要伴奏的樂器

　　有關元代演戲的劇本，最重要的有二種：一是佚名《漢鍾離度脫藍采和》雜劇，簡名《藍采和》（註一），一是佚名《宦門子弟錯立身》南戲，簡名《錯立身》（註二）。這兩個劇本，都是搬演以戲劇為生活的家庭，他們的「衣飯」端賴演出營收，所以，許多曲白與曲詞，講的、唱的均是當年劇場實際生活情形，這些家庭被稱為「伶倫門戶」。明朝朱有燉《誠齋樂府》31種雜劇中，也有 5 種以演戲伶人為背景的「衍衍人家」，如《慶朔堂》、《桃源景》、《香囊怨》、《復落娼》、《煙花夢》（註三），因限於本稿篇幅，茲擬以《藍采和》與《錯立身》兩劇，提到元劇上演伴奏的樂器，擇其要點摭錄如下：

　　（一）《藍采和》雜劇，〔末〕（藍采和唱）：「……持著些鎗刀劍戟，鑼板鼓笛，更有那帳額牌旗。……」（第四折慶東園曲詞）

　　（二）同上劇〔末唱〕：「你待著我做雜劇，扮興亡貪是非，待著我擂鼓吹笛，打拍收拾莫消停。……」（第四折川撥棹曲詞）

　　（三）同上劇〔淨〕（王把色云）：「自從藍采和跟師父出家去了，可早三十年光景！王把色、我，如今八十歲，李薄頭七十歲，嫂嫂（藍妻）九十歲都老了也。做不得營生，他每年小的

便做場，我們與他擂鼓。我先去收拾擂鼓者，看有甚麼人來？」
（第四折曲白）

　　（四）《錯立身》南戲，〔生〕（延壽馬唱）：「我舞得、彈得、唱得，折莫大擂鼓吹笛。折莫裝神弄鬼，折莫特調當撲旗。我是宦門子弟，也做得您行院人家女婿。」

　　以上四則曲詞，都是出於演雜劇班的成員之口，當然徵實性較強，算算他們說的，一共四種樂器：「鑼」、「板」、「鼓」、「笛」；《錯立身》南戲延壽馬他說「彈得」，這豈不是有彈撥的弦樂器存在？因為他們是帶唱曲子的雜劇班，所以，需要「彈得」的弦樂器伴奏。為什麼雜劇伴奏的樂器只此 4 件，未免太少？是否是雜劇本已陷於「孤證」呢？我想其他配備樂器還應該有，不過祇以這些為主？頗令人質疑。在下列舉證近代發現，與田野發掘出土的雜劇文物，便知道事實就是如此。

（一）山西趙城廣勝寺元人演戲壁畫（註四）

　　山西省趙城（洪洞縣）道覺鄉廣勝寺明應王殿東壁，發現一幅元朝泰定元年（1324）演戲壁畫。該壁畫面寬 3．15 公尺，高 5．38 公尺，佔滿整個牆壁，在壁畫上部分 5 分之 1 處，是「北霍渠彩繪東壁記」，下面全是演戲壁畫。額題「堯都見□，『大行散樂忠都秀在此作場』，泰定元年四月日。」畫面共繪 11 個人，其中 1 個已經裝扮的角色，在臺幔右方露出半邊臉向外觀看不計外，面對讀者的為 10 人，正是一個劇團所有演藝人員出場，當時稱為「參場」，表示對觀眾、戲主致以親候之意，然後才正式開演。以現代人眼光看這畫面，相當於謝幕的合照。舞臺上人員，分成 3 排：第 1 排 5 人、第 2 排 4 人、第 3 排 1 人，除演員

外，伴奏的只有 3 人：列在第 2 排右邊兩人，俱戴氈帽，右方蓄著鬍鬚的，穿魚白斜領長袍，他是擊鼓者；其後方中年人，穿淡青圓領，執著笛子在吹奏；左邊青年人，戴攢頂，穿紅襯衣，淡黃色直裰，手執拍板，執節歌唱。這場雜劇壁畫，是非常寫實的，雖然廟宇光線並非明亮，仍可清楚辨認顏色、線條及人物形像，可見元雜劇伴奏樂器——鼓、板、笛 3 件這算不算是實證？其可信的程度如何？

（二）蒙古昭盟赤峰三眼井元代墓壁畫（註五）

1981 年內蒙古昭盟赤峰三眼井發現 1 座元代墓葬，出土 1 蒙古達官狩獵歸家的壁畫。畫面共有 10 人，獵犬兩頭，該壁畫必為墓主形像，與生前生活紀實。墓主人戴元韃帽，穿斜領長袍，手執馬鞭，騎在馬上歡喜歸來。跟隨 2 人，1 人為射鞘夫，1 人為放鷹夫，手臂上置 1 蒼鷹，馬背後獵獲羊 1 頭。2 獵犬前後追隨，空中飛雁兩雙，有助於畫面活潑生動。當入門前，有 2 侍者穿紅白長袍，手舉角杯歡迎主人。後立女樂工 3 人：1 人攝笛，1 人拍板，1 人擊扁鼓歌唱。大宅院內有男女 2 人司炊事，男則捧盤盛饅頭麵食。整個畫面顯示墓葬主生前之崇榮！此繪畫係寫真性質之物，其所動用樂器，亦僅三件——鼓、板、笛。它不是演戲，至少是奏樂娛樂。

（三）事林廣記拜見新禮板畫（註六）

《事林廣記》元陳元靚纂，全名《新編纂圖增類群書事林廣記》，元至順年間原刊本（1330-1332），卷之 11 載有〈拜見新禮〉板畫一幀。圖繪華廈高堂富貴人家，陳設酒果、鮮花禮案。

有賓主二人分坐高堂，器宇軒昂，僕役樂工共 9 人侍候。賓主戴戽斗笠，餘戴籐帽或氈帽，皆穿斜領長袍衫。僕役執杯壺跪敬酒，3 樂工立於堂下，演奏鼓、板、笛歌唱助興，場面豪華。此書為元代刊本，說明文字均屬元代方言與元蒙文化俗事，板畫樂器三件——板、鼓、笛，亦與元雜劇劇本所云吻合。這是飲酒圖繪，樂器為何也是 3 件，是不是受雜劇影響的可能性嗎？

該書卷〈遏雲社規〉，為貴族蹴踘圖（踢球），其中三貴官踢球，也有鷹夫等人跟班；並有 3 樂工演奏三支架子鼓、拍板、笛子歌唱——遏雲曲——描寫踢球運動遊戲。此圖為元人娛樂休閒生活，是 14 世紀初期元曲流行之際，足以佐證元雜劇伴奏主要樂器之實？

還有元石君寶《諸宮調風月紫雲庭》雜劇，描寫韓楚蘭這位唱「諸宮調」女孩，她與一位官宦人家子弟戀愛私奔了。二人以唱「諸宮調」走江湖獻藝，故事情節與《錯立身》南戲相似。韓楚蘭只是希望脫離樂籍，嫁一個平民百姓過生活，她常常暗自嗟嘆說：「能夠得個桑榆景內安閒的過，也強如鑼板聲中斷送我！」（元刊雜劇三十種本）唱「諸宮調」需要打鑼嗎？

以上敘述樂器僅「鼓」、「板」、「笛」，卻未見「鑼」出現在伴奏中？藍采和曾云：「鎗刀劍戟，鑼板鼓笛。」「鑼」在戲劇搬演中也許會運用到？印象最深的，是臨汾魏村牛王廟村民的「威武鑼鼓」，鑼鼓震天，聲勢僱人，曾為亞運開幕表演！

三、元曲伴奏樂器的源流

（一）鑼：擊奏體鳴樂器，銅製，形如篩子，邊緣有兩小孔繫繩執把，以鑼槌擊之；擊點在鑼面三分一處，有微凸的「鑼光」（心），是打擊發聲之所。宋人陳暘《樂書》謂「鑼」起源於北魏宣武帝元恪時代，西元 500 年，係受胡樂影響而來，當時稱為「打沙鑼」。此說因西南夷音樂文物出土，有了新的證據，《樂書》便成為舊說。

1978 年廣西省貴縣羅泊灣一號漢墓發掘（註七），原以為是器物蓋子之物，或類似有華麗紋飾的銅盤。後來因為出土文物上的圖飾，證實它是「銅鑼」，其音高為 B3+45，253.44HZ，相當於鋼琴中央八度的 C 鍵發音稍低。後來雲南省晉寧縣石寨山也出土銅鑼一件，可見鑼是我國西南少數民族固有之樂器，與銅鼓並列的；它的時代，比北魏早 700 年前就存在了！「鑼」的用途不大，在清朝樂志中，只有「凱歌樂」的「鐃歌」（軍樂）配器才用到，作壯威武之用，與元人雜劇用它打鬧臺性質相若。

（二）板：拍奏體鳴樂器，用檀木製作，長闊如手，重大者九板，小者六板，以韋編之。「板」始於北齊，盛於唐代，樂工黃幡綽擅長演奏，故稱「綽板」或稱「檀板」。「板」在唐代用於樂舞及儀禮音樂、佛教音樂。宋代教坊拍板六板，宋元以來音樂實踐中，普遍使用，尤其歌唱音樂不可或缺之樂器。

拍板亦稱「紅牙拍板」，宋陸游詩：「憑教後苑紅牙板，引上西川綠錦茵。」朱友仁《研北雜志》：「趙子固每醉歌樂府，執紅牙以節曲。」石君寶《紫雲庭》雜劇：「這李亞仙耳勸你個

鄭元和，再休題那撒板鳴鑼。」

（三）**鼓**：擊奏膜鳴樂器，以木為腔，以革為面，而髹以黑
硃漆。身高三尺五寸，面闊二尺二寸，緣以雙層釘，釘用四音
（音每）衝天釘，則聲無改。元代宴樂有拔鼓，制以木為匡，細
腰以皮冒之，上施五彩繡帶，右擊以拔，左拍以手。（元史禮樂
志）

伴奏的鼓圖有四種，其形式：一種是豎立的，一種是肩揹
的，一種是三支架的。事實上還有「大鼓」與「拔鼓」（亦稱
「腰鼓」）。1978-1979年，在山西省稷山縣馬村鎮、化峪鎮發
現大量金代墓葬。這些墓葬都出土數量甚多，品質甚精的雜劇雕
刻的雕磚，線條挺拔，刻畫精確，演劇、奏樂人物舉手投足，栩
栩如生，實為研究雜劇搬演最具價值之瑰寶。

這些演劇的雕磚，不但有演出演員，還有樂師在場伴奏。現
在，列舉與本節有關音樂伴奏的雕磚，見於稷山縣馬鎮村金墓葬
群第4號墓（編號M4）（註八），磚刻雜劇一場，分上下兩層，
下層為四個演雜劇人，1人戴幞頭，餘3人戴攢頂或漢巾，3人穿
長袍，1人穿齊膝腰袍，3人俱叉手，1人似正在著叉手狀。按
「叉手」是南宋以來流傳禮教的表示——叉手為敬，此形像似含
有演畢，面向觀眾致謝，因從其他表演雕磚，面帶戲容人，有所
不同。上層5位樂師，正在伴奏，3人戴有翅幞頭，2人戴攢頂，
4人穿大袖長袍，1人穿腰袍；5人的動作：第1人吹篳篥，第4
人擊拍板，第3人吹橫笛，第4人打腰鼓、跳舞，第5人打大鼓，
大鼓有鼓架，觀其形制，沒有《元史》〈禮樂志〉所載那麼巨
大。這塊雕磚，顯示金代音樂實踐時，還有「篳篥」與「腰鼓」
存在。其他尚有音樂演奏雕磚兩方，恕不一一敘述。

　　鼓在中國音樂史上，歷史悠久，新石器時代的「土鼓」已出土了，如《周禮》〈禮運〉：「蕢桴而土鼓。」鄭玄注「土鼓、築土為鼓也。」情形完全相合。1977年湖北省崇陽縣汪家嘴出土殷商時期雲雷紋銅鼓，看來中國鼓的形式，在這時期便定型了；後世不過就用途作各種分類，名目有30餘種之多，難以罄述。元人雜劇用三支架扁鼓，亦稱「書鼓」，這種鼓在近期新發現的絹本宋畫文物——「鞭帽六么」（宋雜劇圖繪），畫面兩位女優表演，左邊就是一面三根木桿支架大型的扁鼓，鼓面還有「甩子」（拍器）。稷山縣馬村鎮金墓葬第4號金墓雜劇雕磚，其中擊「腰鼓」而舞踴者，鼓身是廣首而纖腹，因兩頭大中間細，置於腰間演奏，鼓身披以布幔，以扺與手同時拍擊，唐宋時期演奏大曲，與大鼓、羯鼓齊奏，有聲有節，和諧壯闊兼而有之，稷山馬村鎮雜劇腰鼓伴奏雕磚情形也是如此。

　　「腰鼓」以往被視為由西域傳來的樂器，現在，也因為青海省民和縣下川口陽山發現馬廠型鋸齒紋喇叭陶器出土論證，它本是中華樂系固有的樂器，時代是「半山時期」與「馬廠時期」（西元前2680至前2051年），稱為「彩陶細腰鼓」，當時就外傳到世界各地，在魏晉南北朝時代，由西域回流於祖國（註九）！鼓是眾樂之王，主宰音樂的運作。

　　（四）笛：邊稜音氣鳴樂器，俗稱「笛子」，竹製，一般是六個按孔，一個吹孔（其他孔不計），橫吹。元朝登歌樂笛2，斷竹為之，長尺有4寸，7孔，亦稱「長笛」，纏以朱絲，垂以紅縧結，韜以黃囊。《元史》〈禮樂志〉：至元六年（2365年）太保劉秉忠奏；奉旨搜訪舊教坊樂工，得笛色曹揖演奏家。

　　笛在中國音樂史上亦歷史悠久，1987年河南省舞陽縣賈湖新

石器時期墓葬過址（註一〇），出土七孔骨笛十六隻。根據碳（14C）十四測定年代，距今約 7000 至 8000 年，相當於斐李崗文化時期。骨笛各長約 20 餘公分，徑約 1 公分，用猛禽翅骨鑽孔而成，兩端開口，刑制統一。其中最完整的一隻，編號 M282-20，進行試奏，發音純正，至少是六聲音階。此笛最特殊之處，是第七孔上方有一個小調音孔，足以證明中國古代音樂文明進步。1999 年秋英國科學威雜誌《自然》，介紹這件文物的發現，視為世界上最早的吹奏樂器。

笛在宋代民間音樂，佔相當重要的地位，當時流行「笛鼓曲」，即以鼓、板、笛三種樂器組合伴奏，似為元朝雜劇音樂的前身。笛為領奏樂器，在演奏組合中，居重要地位。

（五）**篳篥**：簧振動氣鳴樂器，古稱「悲篥」，民間稱為「小管子」。竹製或木管製，上管口裝軟竹或葦竹的哨嘴，八孔，前七孔後一孔，豎吹，擅於獨奏，在合奏中屬華彩高音管樂器。篳篥本是高麗王朝與李氏王朝（918-1392 年）的宮廷樂器，民間亦甚流行。我國篳篥，是由朝鮮族傳於東北各省。元樂音王隊，第 7 隊為篳篥，「天魔舞」亦用之。在元人雜劇曲詞中，未見以篳篥伴奏，而雕磚則常見之。

四、元代散曲音樂

「散曲」是相對待於「劇曲」而言，是曲子在不用「科」（作表）、「白」（道白）的情形下聯綴而成，故多用於抒情、寫景、狀物，它包括「散套」與「小令」兩種在內。「小令」是曲體的單量，由唐詩、宋詞衍化而來，單隻的「小令」可以依一

定規律構成「套曲」：但是「套曲」限於一「宮」、一「調」、
一「韻」，而「小令」無此限制。我們最熟悉的「小令」，如馬
致遠的【越調】〈天淨沙〉「秋思」：

> 枯藤老樹昏鴉，
>
> 小橋流水人家。
>
> 古道西風瘦馬，
>
> 夕陽西下。
>
> 斷腸人在天涯！

在元代唱「散曲」的，多數是在秦樓楚館中進行，它雖然類
似「妓院」（當時也稱「行院」），女伎們常唱「小令」曲子娛
樂清客，而她們是色藝雙兼，能通達詩文、書法者不少，她們周
旋於士大夫之間，十分得體，不以色情取勝，應該賦予她們「藝
妲」的地位。元夏伯和《青樓集》就紀述了她們生活片段的事
蹟。

《青樓集》（註一一）記載的女伎，以唱雜劇為主，有的唱
院本、嘌唱（宋代曲子）、諸宮調（金代曲子）、說書、舞蹈種
種技藝。日常唱的是散曲「小令」，有時也唱雜劇中的「曲牌」
（相當於京戲唱段），有的還能即席編唱自己作品。如劉婆惜是
江南名伎，與贛州監郡全子仁（高昌人）交遊情形：

> 時賓朋滿座，全（子仁）帽上簪青梅一枝行酒，全口占
> 〈清江引〉曲曰：「青青子兒枝上結」，令賓朋續之，眾
> 未有對者。
>
> 劉（婆惜）斂衽進前曰：「能容妾一辭乎？」
>
> 全曰「可」。
>
> 劉應聲曰（唱）：「青青子兒枝上結，引惹人攀折。其中

全子仁，就裏滋味別，只爲你酸留意兒難棄舍。」全大稱
贊。

〈清江引〉（又名江兒水）是曲子名，唱曲子當然有樂器伴
奏。這段記述表示「藝妲」的捷才與情思，及唱散曲的情形之
一。

「散曲」清唱伴奏樂器，除板、鼓、笛之外，還有那些樂
器？隨手在散曲叢書中摭拾下列數種樂器的詞句（註一二）

（一）琵琶：如王惲〈雙鴛鴦〉曲云：

　一曲歌，酒十乾，說與「琵琶」紅袖客，好將新事曲中
　傳。

（二）簫；如盧摯〈蟾宮曲〉曲云：

　飛瓊唱偏宜「洞簫」，似麻姑癢處能搔。

（三）箏：曾瑞〈催拍子〉曲云：

　玉纖橫管，銀甲調「箏」，酒令詩籌，曲就成詩。

（四）笙：張可久〈四塊玉〉曲云：

　玉管「笙」，粉面箏，金字經。

（五）瑟：佚名〈醉中天〉曲云：

　爛醉佳人錦「瑟」旁，翠袖慇懃唱。

以上「散曲」中提到的樂器，是琵琶、簫、箏、笙、瑟，加
上劇曲中用的板、鼓、笛；「板」、「鼓」是每唱曲必用的，
「笛子」當然少不得，就是沒有「打鑼」。總之，「散曲」的樂
器就是 6、7 種而已——用「瑟」只出現一次。明朝笑笑生《金瓶
梅詞話》，這本專講喫喝玩樂的小說，他們唱曲子用的樂器就有
15 種之多，專就弦樂器而言，便增加了弦子、月琴、阮、簒、箜
篌，真算極視聽之娛！

　　讀者也別高評價了這種唱散曲的「行院」，以為美女如雲，酒紅燈綠，多麼雅興？在元朝無名氏【般涉調】〈耍孩兒〉「拘刷行院」散套：他們幾個濟楚朋友，一起去喫花酒，卻有興而去，　敗興而歸，爆料這段糗事。這裡的「妓女」——非藝姐也，她們「黑鼻凹掃得下粉，歪髻子扭得出油，胭脂抹就鮮紅口，摸魚爪老粗如扒齒，擔水腰肢似碌軸。……有玉簫不會品，有銀箏不會撚，查沙著一對生薑手。……要賞錢連聲不住口。」多麼可笑！

五、尾　聲

　　曾有人問我，元曲是不是都可以唱？我說有些「小令」即興揮毫，不是為了唱的目的以外，「曲」就是「高下長短委曲以道其情者（明吳訥《文體明辨》）。但得知道元曲的資源在那裡？須找到樂譜，近代王季烈編《集成曲譜》便很實用，只要會它的記譜法，便琅琅上口。再加上本稿所講到的伴奏樂器，在耳鼓裡，就可想像到元曲的意味了！

【附　註】

一、《漢鍾離度脫藍采和》雜劇，楊家駱主編，民 54 年臺北。世界書局。

二、永樂大典〈宦門子弟錯立身南戲三種〉，楊家駱主編，民國 52 年，臺北，世界書局。

三、〈全明雜劇〉（誠齋樂府三十一種），陳萬鼐編附提要，民國 68 年，臺北，鼎文書局。

四、〈廣勝寺水神廟壁畫初探〉，柴澤俊等著，1981 年，北京，文物月刊第五期，86-91 面。

五、〈內蒙昭盟赤峰三眼井元代壁畫墓〉，項春松等著，1982 年，北京，文物月刊第一期，54 面。

六、〈事林廣記〉，元陳元靚纂輯，元至順年間（1330）原刊，民國 64 年，臺北，鼎文書局〈中國音樂史料〉輯印本。

七、〈廣西省貴縣羅泊灣一號漢墓發掘報告〉，廣西文物工作隊著，1978 年，北京，文物月刊第九期，25-34 面。

八、〈山西稷山金墓發掘簡報〉，山西考古研究所著，1983 年，北京，文物月刊第一期，45-63 面。

九、〈敦煌壁畫樂史資料總錄與研究〉（細腰鼓），牛龍菲著，1991 年，甘肅，新華書店。

十、〈河南舞陽縣發現古代石器獸骨和古城遺址〉，趙學甫著，1955 年，北京，文物月刊第四期，115 面。

一一、〈青樓集〉，元夏伯和著，民國 63 年，臺北，鼎文書局歷代詩史長編二輯第二冊本。

一二、〈元散曲的音樂〉，孫玄齡著，1988 年，北京，新華書局。

本文發表於民國九十三年六、七月，臺灣市立國樂團《北市國樂》月刊 199-200 期，15-18，6-10 面。

玖、元代「書會」研究

　　元代「書會」是劇作家聚合的場所，也是劇本發行的場所，他們構成的分子，稱謂「才人」。「書會」從北宋宣和年代南戲《溫州雜劇》肇始，至明宣德年間（1426-1432）仍有紀錄可考；現代山東省惠民縣胡集鎮，還保存一個古老書會，叫做「胡集書會」，藝人濟濟一堂，據稱「至今已有近千年的歷史。」書會歷史悠史，族群廣泛，根據曲籍探索者，有「古杭書會」、「九山書會」、「御京書會」、「玉京書會」、「元貞書會」、「武林書會」等等。元代大戲劇家關漢卿就是「玉京書會」的巨擘，其他如白樸、馬致遠、庾吉甫等，都是「燕趙才人」。最後，在一個古劇本中，發現一個「才人」的自述，使我們對「書會」成員品格，更深一層認知。

一、優語、角本與才人

　　「書會」這個名辭，是懂得元人雜劇的人不陌生的。它的意義「是下層文人和藝人的組織，主要是從事劇本和話本的編撰」（劉念茲語萃）（註一）；或「元代雜劇作家建立的一個創作組織」（王季思語萃）。（註二）我們從《藍采和》雜劇的曲詞

裡，瞭解「書會」與「戲班」的密切關係：

一、【正宮‧油葫蘆】〔末〕（藍采和唱）：「俺路岐們怎敢自專，這是『才人』『書會』嶄（註三）新編。（鍾離權白）：既是『才人』編的，你說我聽？（藍續唱）：我做一段于祐之金水題紅怨，張忠澤玉女琵琶怨，做一段老令公刀對刀，小尉遲鞭對鞭，或是三王定政臨虎殿，都不如詩酒麗春園。」

「路岐」就是戲班演員自稱，也廣義作跑江湖賣藝人。

二、【南呂宮‧梁州】〔末〕（藍采和唱）：「若逢對棚，怎生來粧點的排場盛。倚仗著粉鼻四五七並。依著這「書會社」恩官，求些好本令，（云）：君子務本，本立而後道生。（唱）：那的愁甚麼前程？

「對棚」就是比賽戲，「粉鼻」、「粧點」就是裝飾新巧。這兩段曲詞就可以看到戲班與「書會」、「才人」（劇作家）的關係。如果戲班沒有劇作家組織作後盾，老是演那幾齣舊戲，便得不到觀眾的青睞，是難以撐得長久的。藍家班享譽汴梁，大概是靠著「才人書會嶄新編」。「書會」演進的歷史，可以分成下列 3 個階段：

（一）優語時代

講到提供戲曲劇本的組織，便不得不追溯中國上古時代「優倡」的歷史。「優、饒也，一曰倡。」「倡、樂也」（《說文》卷 8）。漢‧司馬遷《史記‧滑稽列傳》，稱優倡「言談微中，亦可以解紛。」達到諷諫人主的目的。先秦時代，齊有淳于髡

「仰天大笑」（所持者狹，所欲者奢）；楚優孟「葬馬」；秦優旃「漆城」，以及漢代郭舍人、東方朔、東郭先生，他們都是娛樂別人為職業，用言語的機智、簡單的動作來「做戲」，不須劇本，以行動發人深省，使對方知過必改。

　　魏晉南北朝唐五代（265-960）這700年中，自晉「參軍戲」〈館陶令〉——搬演一個知縣貪污，被罰到戲優群中當臨時演員，被演員們問他，「你不是當官的嗎？為何也跟著我們一起演戲作優伶呢！」他便「抖擻單衣」說：「就是為了這個東西；因為他貪瀆絹二十匹而受到羞辱。」於是大家都嘻笑他！這就是「參軍戰」也稱「弄參軍」，有人稱它是中國戲曲的源頭。

　　唐代以詩當道，非常流行唱曲子，也盛行歌舞。在戲曲方面就是「戲弄」，也稱「唐戲弄」，演出情形與晉參軍戲相似，都屬「優語」性質，一直到宋代「雜劇」還相差不遠，可惜失掉了「音樂」。王國維著的《宋元戲曲考》（註四）及任訥《唐戲弄》（註五），記述這些劇情甚詳，尤其從王著《優語錄》（註六），都是非常機警動人的故事，不須劇本，由優伶臨時起意搬演，類似「相聲」。

（二）「致語」與角本並行時期

　　宋代歌舞劇，是宮廷文化之一，內容皇華喬貴，富麗贍博，它不是優伶臨場智辨，而是有充分完備的「致詞」，而且這些「致詞」，都是由御用的文士撰寫，恭維皇帝千秋萬歲、風調雨順、國泰民安；它們的性質卻相當於劇本，現代還有許多傳承下來，在舊籍中可以讀到（註七）。如董穎〈道宮薄媚大曲〉，舞踊西施與越王句踐故事；史浩〈採蓮舞〉、曹勳〈道情法曲〉；

鄭僅〈調笑轉踏〉；張掄〈道情鼓子詞〉等等。「轉踏」也稱
「傳踏」，與「鼓子詞」是具有民間遊藝性質，這些作品作者，
還包括歐陽修、晁補之、洪適這些偉大文學家在內，都是學優而
仕的文人。

　　至於民間曲唱作家，有「元豐間（1068-1085）」兗州張山人
以詼諧獨步京師，時出一兩解，澤州孔三傳創諸宮調古傳，士大
夫皆能誦之（王灼碧雞漫志）。」「中興後，張五牛大夫因聽動
鼓板中，又有4片太平令，或賺鼓板，遂撰為賺。……凡賺最難，
以其兼慢曲、曲破、大曲、嘌唱、耍令、番曲、叫聲、諸家腔譜
也（耐得翁都城紀勝）。」這些都是兩宋時期劇藝目，其撰者姓
氏可考了。

　　據（宋）周密《武林舊事》卷 10，載《（宋）官本雜劇段
數》280 本；（元）陶宗儀《輟耕錄》卷 25，載《（金）院本名
目》690 種。官本雜劇全佚，院本在明雜劇、小說中，尚看到少
數殘本。這些近乎劇本的「段子」，是何許人也的手筆完全無
考？從（宋）吳自牧《夢梁錄》卷 20 云：「向者，汴京教坊大使
孟角球，做『雜劇』本子；葛守誠撰四十『大曲』。」由此可見
這類劇本，是官方教坊專業人員編撰的，與「書會」組織是兩個
平行系統。

（三）元代的「才人」

　　古代有許多懷才不遇，無一定職業的知識份子，過著飄泊的
日子，社會地位卑微，生活清寒，宋代稱這般人；如果為官方服
務的，稱為「侍詔」，是個九品職的芝麻小官，如果為私人服務
的，稱為「清客」，俗稱「幫閒」。元朝也有這類型的人物，當

時稱為「才人」。他們都有相當學識，有的會陪酒侍宴，有的會動筆，替人撰寫詩詞，或作對聯，表面上維持斯文人地位，其實是混生活餬口食。《夢梁錄》書中記有這些人生活情形：「更有一等不著業藝，食於人家者，於是無成子弟，能文、知書、寫字、善音樂。」他們下食客一等（閒人），但比「百藝不通，專精陪侍，涉富豪華子弟郎君，遊宴執役，甘為下流；及相伴外方官員、財主，到京營幹。又有猥下之徒，與妓館家書寫柬帖取送之類，更專以參隨服役資生。」這類斯文人，品流很雜，前無晉身機會，內心鬱卒何待言喻。而且他們還被當時法律限制與歧視，最適合他們逃避現實的地方，那就是「瓦舍眾伎」（宋代遊藝場所）與「勾闌」（元代戲班），「戲館」（女伎唱曲藝園子）這些場所，他們可以為百戲娛樂業的說書人、講史人、演劇人構思表演情節，收集資料，提供「角本」與「劇本」，乃至於粉墨登場，或是刊刻一些邋遢的「唱本」販售，「邋遢本」迄今在板本學中，常常提到，形容草率、模糊的刊本，元刊雜劇就是典型。

　　「才人」在太平年間，雖然十分猥瑣，斯文掃地，遭受官府迫害，假若兵荒馬亂，盜匪橫行，便毫無庇托，遭致搶掠屠殺，死於非命！山西省玉右縣（在大同市附近）寶寧寺，有一幅「水陸」道場畫招孤圖──孤魂野鬼──（註八）畫著幾個儒流賢士（才人）。畫面有7人：6個人穿圓領袍，1人穿交領儒服，頭戴儒巾，其中4人背上各有所揹的物件，其中1人是揹劍的劍客，另3人是琴客，其餘諸人，不是棋客，就是詩人、畫家。所謂「水陸」就是道場的名稱，普渡一切孤魂等眾。這些「孤魂」包括階層極廣，由官宦以至庶民，無論他們在世有多麼顯赫的事功，彪

柄史冊？如今問問他們魂歸何處？漢寢唐陵，已無麥飯！最後都不過同屬眾生「施食」的對象，每年七月十五日中元之期，共享盂蘭盆會，寶寧寺渡孤壁畫，它是元代遺跡，當年人物寫實之物。

二、元代書會情形

（一）宋元時期的書會

　　（宋）周密《武林舊事》卷6〈諸色伎藝人〉，提到宋代「書會」有名的成員及其本領，在敘述元代「書會」之前，特提供參考：

　　（宋代）　　書會　李霜涯

　　　　李霜涯　作賺絕倫　李大官人　譚詞　葉庚

　　　　周竹窗平江周二郎　猢猻　賈廿一郎

　　元代有那些「書會」從下列資料可見其梗概：

　　1.《小孫屠》「古杭書會」編撰：《小孫屠》是《永樂大典》中33種「南戲」，碩果僅存的3種之1；其他2種是《張協狀元》與《錯立身》南戲，下面便將提及此二戲。該戲演一個孫姓屠戶遭姦夫陷害的故事。

　　2.《張協狀元》〔末白〕：「暫息諠譁，略停笑語試看別樣門庭，教坊格範，綠緋可同聲。……張協狀元傳前面曾演，汝輩搬成，這番『書會』要奪魁名，占斷『東甌』盛事，諸宮調唱出來因。」這是該戲開場白，是要奪標的「書會」，占斷『東甌』是現在的浙江永嘉縣。

3.《張協狀元》【燭影搖紅】（末張協唱）：「燭影搖紅最宜浮浪多。忔戲驚奇古怪事。堪觀編撰於中美。真個梨園院體論詼諧。除師怎比『九山書會』。近日翻騰。」（原劇句逗）這本南戲曲詞中，提到一個「九山書會」，該書會在永嘉縣。

4.《宦門子弟錯立身》「古杭才人」新編，它與《小孫屠》南戲，都是「古杭書會、才人」編印的。該戲演一個宦門子弟熱戀女優的故事。

5.《錯立身》【麻郎】（生延壽馬唱）：「我能添插更疾，一管筆如飛，真字能鈔掌記，更壓著『御京書會』。」「真字」就是「正楷」，「掌記」就是劇本，這戲提到另一個書會，稱「御京書會」。

6.《『古杭』新刊小張屠焚兒救母》雜劇，有元刊雜劇本。

7.《『大都』新編關目公孫汗衫記》雜劇，元刊雜劇本。疑這兩種雜劇是杭州與北平書會刻印，現有傳本行於世（世界書局印行），原本清藏書家黃丕烈「士禮居」舊藏。書名《元刊雜劇三十種》。

8.賈仲明《錄鬼簿續編·後記》：「觀其前代元夷門高士醜齋繼先鍾君，所編《錄鬼簿》——載其前輩『玉京書會』，燕趙才人，四方名公士夫，自金之解元董先生，並元初漢卿關已齋叟以下，前後凡五百十一人。」《錄鬼簿》是元人雜劇解題書目，正編作者（元）鍾嗣成、賈仲明元末明初人續編，記述每位劇作家生卒、劇作甚詳，而且作〈凌波仙弔詞〉，驪括該作家事跡，極具參考價值，世人稱〈凌波仙〉為「賈詞」（本文後面常常用到「賈詞」二字）。賈簿最初板本，是寧波《范氏天一閣藍格本》。

9.「賈詞」弔馬致遠：「『元貞書會』李時中、馬致遠、花李郎、紅李公，四高賢合捻黃粱夢。」馬致遠《黃粱夢》雜劇是四人合作的，他們是「元貞書會」會友。

10.「賈詞」弔蕭德祥：「『武林書會』展雄才，醫業傳家號復齋，戲文南曲道方脈，共傳奇樂府諧。」這裡「武林書會」與「古杭書會」是兩個書會，地相比鄰。

從以上各種「書的」資料，按時代先後排列，有各種不同的名稱，如：「古杭書會」、「九山書會」、「御京書會」、「玉京書會」、「元貞書會」、「武林書會」；前三者屬南戲時代，應該比雜劇時代早一些，後者書會正是元人雜劇勃興時代。「御京」與「玉京」同音，而這兩個字在運作上，如皇帝「御旨」亦稱「玉旨」；雖然意義相同，但有輕重之分，所以他們二者有地緣關係。「古杭」──宋高宗趙構南渡，以杭州的杭縣為行在，稱「臨安府」，南宋人稱臨安為「古杭」，稱杭縣為「武林」，以該縣武林山得名。故「古杭書會」與「武林書會」的情形相同。如元大戲劇家鄭光祖〈□杭新刊關目輔成王周公攝政〉雜劇「元刊本」，其中□形缺字，即為「古杭」無疑，證明這些書會也是劇本發行所。

「九山書會」的「九山」在今浙江省溫州市，亦稱永嘉縣，是中國元代南戲的搖籃，所謂「占斷東甌盛事」，「東甌」指永嘉縣西南，這裡也有「永嘉書會」。溫州報人徐建三丈，是溫州耆宿，曾告訴我，溫州有「九山」之名，迄今還有「九山街」，這九座山，有一座山在一家毛筆店的後院，祇是一塊巨大的石頭而已。戲曲史家劉念茲說：「南戲《董月英花月東墻記》，就是『九山書會』中一位名叫史九敬先的『才人』手筆。（《中國大

百科全書》）」史九敬先名史樟，真定人，官武昌萬戶，他也算在「書會」「才人」之內，可見「書會」成員，以志趣為依歸，不太重視階級。

「永嘉書會」與「九山書會」應該是兄弟書會社。溫州是南戲的故鄉，在宋末就發芽生根。明朝以來，文人學士常常提到此事，如（明）祝允明《猥談》：「南戲出於宣和之後（1119-1125）南渡之際，謂之『溫州雜劇』，或云宣和間已濫觴，其盛行則自南渡，號曰『永嘉雜劇』。」明）徐渭《南詞敘錄》：「南戲始於宋光宗朝（1190-1194），永嘉人所作《趙貞女》、《王魁》二種實首之。」（明）葉子奇《草木子》：「俳優戲文，始於《王魁》，永嘉人作之。」王國維《宋元戲曲考》：「以余所考，則南戲當出於南宋之戲文，與宋雜劇無涉，惟其與溫州相關係，則不可誣也。」綜而言之，南戲在宣和年間興起，永嘉人所作 2 種為首創，當時稱「溫州雜劇」、「永嘉雜劇」，所以溫州有「九山書會」之外，更有「永嘉書會」，最初似為戲曲家的聚會場所，也兼劇本發行業務，因現存傳本少，想當年發行量也極微小。

西元 1967 年，江蘇省嘉定縣發現西安府同知宣昶夫婦的墓葬，出土明成化年間（1465-1487 年）所刊說唱詞話及傳奇刻本 17 種（註九），其中第 17 種為《新編劉知遠還鄉白兔記》，趙景琛撰文（註一〇）：稱「它是繼《永樂大典》戲文三種之後的第四種較為完整的南戲。倘若陸貽典鈔校元刊本《琵琶記》可靠的話，那麼這本《白兔記》也該是列名第五了。」這本未經後世改動，能保持原劇本像原形最多的劇本，其中便提到「永嘉書

會」。該戲的「末角開場」一大段說白，言道：「……天色非早，而即晚了也，不須多道散說，借問後行子弟，戲文扮下不曾？扮下多時了也。既然扮下，扮的那本傳奇？何家故事？扮的是《李三娘麻地捧印，劉知遠衣錦還鄉——白兔記》。好的傳奇！這本傳奇虧了誰？虧了『永嘉書會才人』，在此燈窗之下，磨得墨濃，蘸得筆飽，編成此一本上等孝義故事。……」這就「永嘉書會」的史料。書會有那些「才人」？除史九敬先以外，寄望於高明博雅研究戲曲的博士先生、小姐了！

「玉京書會」在元代以關漢卿為巨擘。賈仲明〈淩波仙〉弔詞已稱贊關漢卿這位大戲曲家：「風月情、忒慣熟，姓名香、四大神物，驅梨園領袖，總編修師首，捻雜劇班頭。」可見他能組劇團，能編、能導、能演出，相當於英國的莎士比亞。別人以他為中心，形成「玉京書會」團體。

「元貞書會」是元成宗鐵木真的年號，在西元 1295 年至 1297 年。該書會似乎是馬致遠為首領，李時中等人屬之，作家群也很堅強。

「武林書會」時代較晚，此時元人雜劇，已被視為強弩之末，它以蕭德祥為首，作家有秦簡夫，秦本籍大都，「近歲來杭」流寓，對於武林的戲曲發展，具有相當貢獻，他的齋名「玉溪館」賈詞：「燈窗捻出新雜劇，玉溪館煞整齊。」，同儕作家有王日華、朱士凱、陸仲良相伯仲，而所作雜劇多傳於世。

　　現代，山東省惠民縣胡集鎮，存在北方唯一的書會——「胡集書會」，這個書會在宋元時期已形成，迄今有近千年歷史，每逢元宵燈節，書會裡各門各派的曲藝人，濟濟一堂，其中東路大鼓，就是書會中藝人，經常演出的曲藝形式之一（註十一），這是古代書會流風餘韻了。

三、元代書會的作者族群

　　「書會」是「才人」聚集的地方，所以《錯立身》南戲，題「古杭才人新編」，「古杭」也是書會的名稱。這些書會不但致力於劇本的「編撰」與「新編」，而且還辦競賽活動，如「九山書會近日翻騰」；還要爭勝負，如「更壓御京書會」，可見他們組織性很強。從他們領導人物，可以鉤稽到相關的作家。

（一）玉京書會族群人物

　　1.關漢卿，大都人。「玉京書會，燕趙才人，……並元初關已齋叟……。」

　　2.楊顯之，大都人。賈詞云：「顯之前輩老先生，莫逆之交關漢卿。」

　　3.梁退之，大都人。賈詞云：「警巡院職轉知州，關叟相親為故友。」

　　4.費君祥，大都人。賈詞云：「君祥前輩傲圖南，關已相從看老耽。」「圖南」是宋高士陳摶，「關已」即關漢卿，號已齋叟。

　　5.馬致遠，大都人。賈詞云：「戰文場曲狀元，……與庾白

關老齊眉。」

　　6.庾吉甫,大都人。

　　7.白樸,真定人;原籍山西省河曲縣。

　　8.王伯成,涿州人。賈詞云:「貶夜郎關目風騷,馬致遠忘年交。」

　　9.趙公輔,平陽人。賈詞云:「聞玉京燕趙擅場,尋新句摘舊章,按譜依腔。」

　　10.王仲文,大都人。賈詞云:「仲文踪跡往金華,才思想兼關鄭馬。」

　　11.鄭廷玉,彰德人。

　　12.紀群祥,大都人。賈詞云:「壽卿廷玉在同時,三度藍關韓退之。」

　　13.岳伯川,濟南人。賈詞云:「玉京燕趙名馳,言詞俊、曲詞美,衰草烟迷。」

　　14.孟漢卿,亳州人。賈詞云:「北齋老叟播聲名……誼燕趙響玉京。」

　　以上「大都」系的作家,便有8人之多,可見該地區人文之盛,其他「真定」、「平陽」、「彰德」、「濟南」為中書省所屬,「涿州」、「亳州」為河北、河南行中書省所屬,由此可見早期作家籍貫,都是當年經濟繁榮,社會維新地域。現傳世《元刊雜劇三十種》本,在當時還含有宣傳口號的標題,如「新刊關目」(劇情精彩新穎)、「新編足本」等字樣,吸引觀眾。《三十種》中,屬於「大都」印行者,有《大都新編楚昭王疏者下船》雜劇、《大都新編關目公孫汗衫記》雜劇等四種之多,可見此地出版事業,十分旺盛,這當然與「玉京書會」提供作品有

關。

蒙古帝國建「大元」國號於西元 1271 年，次年改金中都為「大都」，即今北京市，新城於西元 1283 年建成。（《元史》卷7）

（二）元貞書會族群人物

1.李時中，大都人。賈詞云：「元貞書會李時中」，一個劇作家跨兩個書會是常有的事。

2.趙明道，大都人。賈詞云：「元貞年裡昇平樂府歌汝曹，喜豐登雨順風調。茶坊中嗑，勾肆裡嘲，明明德道泰歌謠。」

3.趙子祥，籍里不詳。賈詞云：「一時人物出元貞，擊壤謳歌賀太平。傳奇樂府新時令，錦排場起玉京。」此條相似李時中跨兩個書會情形。

4.狄君厚，平陽人。賈詞云：「元貞大德秀華夷，至德皇慶錦社稷，延祐至治承平世，養才人編傳奇。」

元朝自忽必烈統一中原之後，元貞、大德、至大、皇慶、延祐、至治共歷 6 朝，時在西元 1295 年至 1323 年，先後 30 年國勢甚強，社會安定，是雜劇繁榮時代。

（三）武林書會族群人物

1.蕭德祥，杭州人。賈詞云：「武林書會展雄才」，已著錄如前。

2.陸仲良，揚州人。賈詞云：「元貞始祖諡宜公，……父維揚典椽清名重。改淮南江浙同，住杭城家道鬆。」仲良是由揚州遷來杭州，舊題《勘頭巾》雜劇為其所著，實屬孫仲章作品誤

題。

3.朱士凱，籍里不詳。賈詞云：「詩禪隱語精，振江淮獨步杭城。」可見他是武林書會的健將，所著《孟良盜骨》雜劇傳於世。

4.王日華名曄，杭州人。賈詞云：「詩詞華藻語言佳，獨步西湖處士家。……與朱士凱來往登達。」所著《桃花女破法嫁周公》雜劇傳於世。

「武林書會」作家群，人才甚多，非戲曲家不闌入。以上為江浙行中書省所屬地區。

（四）雜劇演員作家

1.趙敬夫，彰德人。賈詞云：「教坊色長有學規，文敬超群眾所推。」他與元代大文學家胡祇遹有深厚交誼。

2.張國賓，大都人。賈詞云：「教坊總管喜時豐，斗米三錢大德中。飽食終日心無用，捻漢高歌大風。」

3.「教坊色長魏、武、劉三人，鼎新編輯（輟耕錄）」。「劉」是「劉耍和」。（金）李冶《敬齋古今註》：「近者伶官劉子才，著著才人隱語數十卷。」王國維疑「劉子才」即劉耍和，他是演員兼作家。

4.花李郎，籍里不詳，疑大都人，劉耍和女婿。賈詞云：「劉耍和贅為婿，花李郎風月才情。樂府辭章性，傳奇么末情，考興在大德元貞。」「么末」就是劇本的一種。花李郎與馬致遠合作《黃粱夢》雜劇，第二折是他執筆，人稱「花李郎學士。」

5.紅字李二，京兆人（大都）。劉耍和女婿，與馬致遠合作《黃粱夢》第四折。也是演員兼劇作家。

6.春牛張，籍里不詳，《太和正音譜》輯有其《賢良婦荊娘盜果》雜劇，現存殘曲一句：「托賴著當今聖主。」日本狩野喜直〈元曲之由來與白樸之梧桐雨〉一文，以為元代雜劇無名氏作品，大都是倡優所編。（註一二）

7.劉士昌、程繼善也是書會的「才人」。元夏伯和《青樓集》歌伎〈一分兒〉傳記：「一曰，丁指揮會才人劉士昌、程繼善等於江鄉樓小飲，王氏（即一分兒）佐樽。時有小姬歌菊花會南呂曲。」這條資料，非常具有價值，是官僚才人、藝伎、歌女相聚合的同歡會，但不知「才人」劉、程二人曾作何種角本？疑為歌曲唱詞之類，非雜劇作家也。

「玉京書會」、「元貞書會」的成員，在（元）鍾嗣成《錄鬼簿》上卷「前輩已死名公才人，有所編傳奇行於世者五十六人」之內；自太宗窩闊臺取中原之後，至世祖忽必烈至元之初，先後五十餘年（1229-1294）的史稱「蒙古時代」。賈仲明弔狄君厚〈凌波仙〉，所提到「元貞大德秀華夷」六個朝代，是社會安定日子，就在此際之中。北方作家既多，作品品質最優，傳於後世最廣，它的「書會」與「書會社」的發達，更是興盛。

元代書會的歷史，相當悠久，從北宋徽宗趙佶宣和年間（1119-1125）稱為「溫州雜劇」肇始，直到明朝初年周憲王朱有燉（1378-1448）《誠齋雜劇》31 種，還說：「這城中『書會』老先生們，見孩兒唱得好，生得又風流可喜，便與她一個樂名，喚做桃源景。」（朱著《桃源景》雜劇曲白）又有「這《玉盒記》正可我心，又是新近『老書會』先生做的十分好關目，……大姐便唱這個傳奇，俺看賞一回。」（《香囊怨》雜劇曲白）據

（明）梅禹金《青泥蓮花記》卷六，指稱《香囊怨》雜劇是真實事件，發生在宣德 7 年（1432）。於是由北宋起算，至明宣德年間便有 320 年『書會』的連續紀錄；所以山東惠民縣的「胡集書會」說：「至今已有近千年歷史」，不算是誇大其辭。

四、一位「才人」的自述

「才人」是元代對寫作劇本人的尊稱，到了明朝稱「先生」、「老先生」，書會也被冠上「老書會」的形容辭。他們工作成績，表現在劇本上，良窳一眼就看出來，但他們具有那些基本學識，就難以得知，所幸有一本元代佚名的雜劇，名為《司馬相如題橋記》（註十三），不知作者是有意抑無意，透露了這方面的心聲，在我看起來，是研究「書會」的第一手資料。

《司馬相如題橋記》，見於（明）晁瑮《寶文堂書目》著錄，也見於（清）錢曾《也是園書目》著錄。有（明）趙琦美脈望館《鈔校古今雜劇》校于小穀錄校本；《雜劇十段錦》本；印影本有《古本戲曲叢刊》第四集本。臺北世界書局《全元雜劇》外編本。舊題作者為「元明間無名氏撰」。

該劇第四折【尾聲】後，〔眾云〕：「雜劇卷終也。……」〔外云〕：「道甚？」〔眾答云〕：「瀛州開宴列嘉賓，祝賀吾皇萬萬春，武官捉刀扶社稷，文官把筆佐絲綸：

　　題目　王令尹敬賢有禮，蜀富家擇婿無驕；

　　正名　卓文君當壚賣酒，漢相如獻賦題橋。

這一場道白，解決了元人雜劇「題目」、「正名」作用是甚

麼原因？原來是一齣戲將演畢時，由「外角」與「眾角」相互應對之用的。在當年也許太「形式化」，一般劇本就將這段應對刪掉，便使得後世人讀元曲，就不知道「題目」、「正名」它的作用是甚麼？

我所謂的「一位才人的自述」，就是該劇第四折【越調‧鬪鵪鶉】〔末唱〕：「巍巍乎魏闕天高。」〔外接唱、上云〕：。

> 雜劇第四折，正當關鍵之際，單看那司馬相如，儒雅風流，獻了〈上林〉、〈長楊〉、〈大人〉三篇賦，盡了事君之忠，題了昇仙橋兩句詩，遂了大夫之志，發了一道諭蜀榜文，安了四夷百姓之心，可見康濟大才有用之實學也！（此處刪節 67 字）……相如雖多侈辭濫語，其間因事納忠，正與詩人諷諫無異。所以，後人做出這本雜劇，來單表那百世高風，觀者不可視爲尋常好雜劇、上雜劇！看這個「才人」將那六經三史、諸子百家，略出胸中餘緒，九宮八調，編成律呂明腔，作之者無罪，視之者足以感興。做雜劇猶如擸梭織錦，一段勝於一段，又如桃李芬芳，單看那收園結果。囑咐你末尼用心扮唱，盡依曲意。
>
> 〔末拜起唱〕：「蕩蕩乎皇圖麗藻。……」

上述這段文字，對劇情毫無作用，卻對「書會」、「才人」的表曝，有相當幫助。他們自稱「六經三史」、「諸子百家」淹貫，「九宮八調」（其實元曲祇有五「宮」四「調」）大概是要表示他們還懂得戲曲音樂的「宮調」。《漢書‧藝文志》著錄司馬相如〈賦〉是 29 篇，沒有「才人」說的「長楊」賦，可能是「長門賦」被記誤或誤傳。〈長門賦〉是舖敘漢武帝劉徹，將皇后陳阿嬌打入冷宮故事，阿嬌便託人請司馬相如著此賦，情辭懇

切，感動了劉徹，二人重歸舊好，司馬相如也就享名於世。我們讀到「才人」這段借題發揮，好像李汝珍《鏡花緣》第23回〈說酸話酒保咬文〉，那段李汝珍自吹自擂相似，十分有趣！（漢）班固〈離騷序〉稱：「露才揚己」，難得他們流露出心中蘊結，使我們對「才人」得到深切瞭然，不亦快哉！

　　陳萬鼐校於九十六年八月五日時年八十一。

【附　註】

一、劉念茲，《南戲新證》（北京：中華書局，1986.11），頁22、36、41；轉引自：蔣中崎〈中國最早成熟的戲曲形式——略論宋戲文〉，《戲曲藝術》，25卷1期（2004），頁18-25。

二、王季思主編，《全元戲曲》（北京：人民文學出版社，1990.1）。

三、「嶄」同「剗」原刊本作後者，當年俗寫。

四、王國維，《宋元戲曲考》（臺北：藝文印書館，1957）。

五、任半塘，《唐戲弄》（臺北縣土城市：漢京文化，2004）。

六、王國維輯，《優語錄》（1940.2石印本）。

七、劉宏度，《宋歌舞劇曲考》（臺北：世界書局，1965年）。全書130頁。

八、沈從文，《中國古代服飾研究》（臺北：龍田文化事業公司，1981年），元代服飾部分，頁372。

九、楊家駱，學術類編《明成化說唱詞話叢刊》（臺北：鼎文書局，1979）。《白兔記》部分，頁816-906。

一〇、趙景琛，〈明成化本南戲白兔記的發現〉，載於：《文物月刊》，第1期（1973），頁44-47。

一一、門玉彪等，《黃河三角洲民間音樂研究》（濟南：齊魯書社

2003），東路大鼓部分，頁5。

一二、日）狩野喜直，〈元曲之由來與白樸之梧桐雨〉，《藝文》3（1927昭和2年1927）。

一三、元・佚名《司馬相如題橋記》（臺北：世界書局，1963），楊家駱主編《全元雜而》外編第1冊，頁481-563。

本稿發表於民國九十六年六月，國家圖書館《圖家圖書館館刊》九十六年第一期，123-137面。

拾、元代優伶與士夫交遊考略

一、前　言

　　古代的伶人，並非全被視為「賤業」，庸庸碌碌之輩，其中有許多品格高尚、知書達禮的人。他們雖在舞臺上「做場」，是以第三者身分代言劇中人，扮演的性格有善惡、忠奸、良莠、正邪之別，那並不是他們本像原形；迨卸裝之後，也過著平民百姓生活，一言一行也都受到社會禮儀規範。

　　北宋神宗趙頊寧熙時代（1068-1077）王安石秉政，推行新法，朝臣多緘口結舌；時有伶人丁仙現，便藉著宮中御宴進雜劇的機會，嘲諢王石，肆其誚難，輒為笑傳。安石恨不能斬仙現為快；趙頊惟恐仙現遇害，令匿避於御弟二王家，時有諺語「臺官不如伶官」。（見蔡絛鐵圍山叢談）丁仙現本是「瓦舍」（民間劇場藝人，後來召入宮中演雜劇），任教坊使，人稱「丁使」。他不畏權勢，盡忠職守，平常戴著蘇東坡式的桶高簷短的「子瞻帽」，穿著「士夫衣冠」，在朝門外與官宦交談，還說：「仙現衰老無補朝廷也！」以一種資深伶工與官員感慨時事。並且自嘆「及見前朝老樂工，間有優諢及人所不敢言者，不徒為諧謔，往往因以達下情，故仙現亦時時效之。非為優戲，則容貌儼然如士

大夫。」（李廌師友談記及葉夢得《避暑錄話》）我們從這幾則
筆記，便瞭解古代優伶在社會的層次，並非低下，他們穿著「士
夫」衣冠，看起來就是一個「士大夫」，與朝官平起平坐，受到
相當尊重，想必交情也是相當親密的。

　　《藍采和》雜劇，是一部以元代優伶生活為背景的戲曲，我
在本稿第伍篇〈伶倫門戶〉文中，曾敘述藍采和的裝束與舞臺下
的生活；該劇曲詞也提到他交遊情形，這種「情形」是其他劇本
中絕無僅有者，頗值得重視它的內含如何？同時在元朝詩文詞曲
集子中，也讀到達官貴人、文士學者與優伶交遊詩文紀事，這不
僅彰顯了伶人在當時社會的品格，同時也對元代文士休閒娛樂增
加了新的認識。

二、藍采和與士夫交遊說

　　《藍采和》雜劇（註一）第一折有關藍采和與士人交遊的曲
詞：

　　【沖末】（鍾離權云）：「你那許堅末尼在家麼？」
　　【淨】（王把色云）：「老師父等一等便來也；師父有甚
麼話說？」
　　【沖末】（鍾離權云）：「等他來時，我與他說話。」
　　【淨】（王把色云）：「師父坐一坐，哥哥敢待來也。」
　　【末、上做見科】（藍采和云）：「稽首老師父。」
　　【沖末】（鍾離權云）：「你那散誕去來？」
　　【末】（藍采和云）：「這先生你與我貼招牌。老先生不

知街市上有幾個『士夫』請我吃了一盞茶，因此上來遲。」

【沖末】（鍾離權云）：「我在這勾闌裡坐了一日，你這早晚才來；寧可樂待於賓，不可賓待於樂。我特來看你做雜劇，你做一段甚麼雜劇我看。」

【末】（藍采和云）：「師父要做甚麼雜劇？」

【沖末】（鍾離權云）：「但是你記的，數來我聽！」

（第一折曲白）

以上《藍采和》雜劇一段對白，事實是鍾離權大仙要度脫伶人藍采和「找碴」苦度的行為，如鍾說：「我在勾闌裡坐了一日！」其實是戲園開門祂才來，那是甚麼「一日」。這當中藍采和說：「街市上有幾個士夫，請我吃了一盞茶，因此上來遲！」感到抱歉。藍采和此語非比尋常，卻是其他雜劇中從未見到的詞句。由此證明元代伶人在社會交際，相當頻繁，並且還是對方請他作賓客呢！

「士夫」兩字，是不是「士大夫」一詞的原句脫漏一字，或是鋟板錯誤？上節是到宋伶人丁仙現「穿著士夫衣冠」及「容貌儼然如士大夫」。雖然一字之差，在名分與地位上，可能有很大區別？《易經‧大過》：「男子少壯者，為之『士夫』。」這種義例與藍劇劇情不合，也與宋代筆記記事旨趣不合。「士夫」應該解釋為平民百姓中的中產階級，或是曾受相當教育的知識分子；「士大夫」則是有朝廷品級的官僚，藍采和交遊顯然就是指後一種社會人士。我們覺得劇作家對這曲白措辭是相當慎重，並沒有妄自抬高藍采和的身價。藍采和究竟與那些士夫吃茶，沒有指名道姓，我從元代詩文總集、別集，網羅到下列元代文學家、

詩人、詞曲家、劇作家、書畫家，富豪子弟，以及當朝仕宦，甚至元英宗碩德八剌（至治 1321-1323 年在位）也欣賞玉蓮兒「文楸握槊之戲；嘗得侍於英廟。」（《青樓集》）。茲列舉元代優伶交遊較有「可讀性」，且不算冷僻的人物數則於下，觀其大略：

　　一、趙孟頫與張怡雲
　　二、鮮于樞與曹娥秀
　　三、馮子振與珠簾秀
　　四、劉時中與順時秀
　　五、盧摯與解語花
　　六、元好問與張嘴兒
　　七、胡祇遹與趙文殷
　　八、張可久與楊駒兒

　　以上諸家以外，涉及相關人士：滕斌、貫雲石、商道、高克恭、姚燧、閻復、史彬、王惲、關漢卿、阿魯威、王元鼎、虞集、廉希寧、伯顏、李洄、白樸、涅古伯、涅雲壑、涅伯玉、周仲宏、陳柏，……一部元代文學史家、藝術家都包括在內，本稿分別擇其尤者敘述之。

三、《青樓集》——一部談優伶交遊記事書

　　元代紀錄優伶生活與劇作家生活，有兩部書：一是夏伯和的《青樓集》（註二），一是鍾嗣成的《錄鬼簿》；這兩部書內容記事翔實，並非道聽途說，而是作者實際參與生活體驗。如夏伯和與名伶張玉蓮相識，稱「余近年見之崑山，年逾六十矣！兩鬢

如鸞，容色尚潤，風流談謔，不減少年時也。」「鸞」是指她頭髮中帶黃，難怪時下許多「徐娘」，將頭髮染成黃色，使人感覺她不老。鍾嗣成也是青樓的常客，他形容王玉梅這矮胖型美人，是「聲似磬圓，身如磬槌。」，如不是身臨其境，焉能如此生動描述。

夏伯和字庭芝，號雪簑釣隱，江蘇華亭人（今松江縣）。見聞廣博，家庭富有，好賓客，尤多藏書。文學家楊維楨為其家庭教師，曲家張擇、朱凱、朱經、鍾嗣成皆其同道好友。生於元延祐年間 1316 年間，著有散曲多篇，惜已失傳；現存至正 15 年（1355）《青樓集》本行於世，但有張擇至正 26 年（1366）序文，可能是增訂本。《青樓集》至少有 7 種板本，皆有同異之處

《青樓集》記述元代大江南北，118 位有名氣的女伶，及 30 餘位男性雜劇演員生活片段，然而這些女伎，並非出賣肉體的色情婦女，大都是雜劇、院本、南戲、諸宮調、唱賺、歌舞曲藝人才，她們除了技藝之外，也有些通文墨、善書法、吟詩作曲，是有一定品格的仕女型，或者說是「藝妲」，周旋於名公巨卿、文人才子之間，言行舉止，都十分得體。《青樓集》全書沒有一句猥褻的語言，沒有一件輕佻無聊的穢事，既不謬於聖賢，也不有傷於風化，所以涉足其間威儀顯赫之士，達四五十之多，在元代文詩文集中，可一一考核其行誼，代表藝人在柔性的一面，與「士夫」交遊情形。夏伯和本來有意結撰一部《末尼別錄》，專門談男性演員生涯，可惜未實現，或是未竟稿便失傳了！關於鍾嗣成《錄鬼簿》，傳本甚多，敘述劇作家生平與劇作，為世人所熟諳，恕不備載，以節約本稿篇幅。

四、趙孟頫與張怡雲

元‧夏伯和《青樓集》〈張怡雲〉傳記：

> 能詩詞，善談笑，藝絕流輩，名重京師。趙松雪、商正叔、高房山，皆爲寫怡雲圖以贈，諸名公題詩殆遍。姚牧菴、閻靜軒，每於其家小酌。一日，過鐘樓街，遇史中丞，中丞下道，笑而問曰：「二先生所往，可容待行否？」姚云：「中丞上馬。」史於是屏騶從，速其歸攜酒饌，因與造海子上之居。姚與閻呼曰：「今日有佳客，此乃中丞史公子也！我輩當爲爾作主人。」張便取酒，先壽史，且歌「雲間貴公子，玉骨秀橫秋」水調歌一闋。史甚喜。有頃，酒饌至，史取銀二錠酹歌。席終，左右欲徹酒器皆金玉者，史云：「休將去，留待二先生來此受用。」其賞音有如此者。又嘗佐貴人樽俎，姚閻二在焉。姚偶言「暮秋時」三字，閻曰：「怡雲續而歌之。」張應聲作小婦孩兒，且歌且續曰：「暮秋時，菊殘猶有傲霜枝，西風了卻黃花事。」貴人曰：「且止。」遂不成章。張之才亦敏矣。

張怡雲是京師著名的雜劇演員，能詩詞言談，並且能用典故作詞唱曲，接待達官貴人。她這篇傳記，便涉獵 3 位畫家、2 兩文學家、1 位開國元勳的公子，茲將相關人士交遊情形敘述如下：

一、趙松雪　即趙孟頫字子昂，自號松雪道人，湖州人（浙江吳興縣），宋秦王趙德芳之後裔。年 14 歲，以官蔭補官爲真州

司戶參事。宋亡，家居力學，元至元中（1244）侍御程鉅夫奉旨搜訪遺隱，以孟頫薦入朝，世祖忽必烈敬重用之；但為眾議所格，授兵部郎中遷集賢院直學士，出同之濟南路總管府事，歷浙江等處提舉。仁宗愛育黎拔力八達，聖眷甚隆，延祐中（1314）累拜翰林學士承旨，榮祿大夫。生於宋理宗寶祐2年（1254），卒於元英宗至治2年（1322），年69歲，封魏國公，諡文敏，著《松雪齋集》（註三）行於世（元史卷172列傳59有傳）。

　　趙孟頫其人神采煥發，如神仙中人。詩文清邃奇逸，仁宗以比唐之李白、宋之蘇軾；又擅篆籀分隸真行草書，無不冠絕古今，遂以書名聞天下。奉旨書「千文字」進呈，此帖現珍藏於國立故宮博物院，昔日筆者在故宮服務，曾多次拜觀展示。此帖有元代大畫家黃公望跋語：「經進仁皇全五體，千文篆隸草真行；當年親見公揮洒，松雪齋中小學生。公望稽首謹題。」此詩是筆者在展覽時佇立拜讀的記憶，感覺700餘年古人行誼，親切動人。元陶宗儀《輟耕錄》卷7也提到孟頫的〈趙魏公書畫〉：「僕（趙自稱）廿年來寫千字文以百數，此卷前數年所書，學褚河南孟法師碑，故結字規模八分，今日視之，不知孰為勝也。」趙孟頫除書法外，也擅長畫山水木石人物，尤其以畫馬最精緻。因此，他為張怡雲繪「怡雲圖」，是件自然之事。

　　二、商衟　「衟」是「道」字古體，即商正叔，或作「政叔」，曹州濟陽人（山東荷澤縣）。其先本姓殷，為避宋宣祖趙弘殷諱，改姓「商」。兄商衡字平叔，金崇慶4年（1212）進士，正大末年（1224）充秦藍總帥府經歷，元兵劫之使降，不屈死節。商道與元好問交遊，好問稱其「滑稽豪俠，有古人風。」

嘗與藝人張五牛合作〈雙漸小卿諸宮調〉唱本，流傳於伎院中，現存所作散曲，見於《陽春白雪》、《北宮詞紀》。鍾嗣成《錄鬼簿》著錄：「商政叔學士」，為〈前輩名公樂章傳於世者〉，知其為金入元人士。

　　據元好問《遺山文集》（註四），卷 39〈曹州商氏千秋錄〉云：「正叔年甫六十，安閑樂易，福壽方來，他日羔雁成群，極人門盛事，當信僕言之不妄也。癸丑二月十一日河東元好問裕之謹書。」按「癸丑」為元寧宗皇慶 2 年（1313），逆推 60 年前，則商道生於金淳祐 12 年（1252）。

　　商道為張怡雲畫「怡雲圖」，雖然畫史未見其著錄，想必他筆下不凡，應屬文人畫家者流。在《遺山文集》卷 13〈商正叔隴山行役圖二首〉：「隴坂經行十過春，也隨春風變淳真。吳山汧水不必畫，留在秦音已可人。夢中陳迹畫中詩，前日行人鬢已絲。我亦寒亭往來客，因君還寄出關詞。」可見「隴山行役圖」是一幅畫，類似宋‧范寬「谿山行旅圖」。所謂「吳山汧水不必畫」，「汧水」發源於陝西隴縣汧山，東南流經汧陽、鳳翔兩縣，經寶雞入渭水，皆古西秦之地，商道的畫——無聲詩，留在有聲的秦腔之中；「隴山行役圖」詩，是題 10 年前往事，感歲月忽逝，徒增緬懷耳。

　　從前，筆者讀到李修生〈元代演員張怡雲〉一文（註五），此文也是根據《青樓集》張怡雲傳記，研判張怡雲圖畫的年代。該文中說：「商正叔即商琦字德符，元史本傳記『琦善畫山水』。」未經考證的就解釋商道畫「怡雲圖」問題，真令人驚訝！可是，筆者所知道商琦是商挺的第 5 個兒子。商挺是商平叔（衡）的兒子，商正叔（道）是商平叔的親手足，則商琦自為商正叔的

姪孫。商挺是元好問的學生。《元史》卷159列傳46商挺列傳，附商琦傳，世系分明，加上元代文人集子記載，那有不經考證，一語輕輕帶過之事！商琦確實是元代畫家，交遊廣闊，所見有關題畫詩甚多。

商道與張五牛所編〈雙漸小卿諸宮調〉唱本，當年非常流行，時代也相當早，元代歌伎趙貞貞唱之，曲家楊立齋作〈鷓鴣天哨遍〉有云：「五牛身去更無傳。詞人老筆佳人口，再唱春風在眼前。」

三、高房山　即高克恭字彥敬，號房山，其先世西域人，占籍大同，後居燕京房山。初仕為省郎，官至刑部侍郎。作詩甚有唐人意度，俱造語精絕。畫學米芾父子，後用李成、董源筆法，尤工墨竹與宋畫家文同齊名。生於宋理宗淳祐8年（1248），卒於元武宗海山至大3年（1310），年63歲，追贈刑部尚書，諡文簡，著有《房山集》（新元史卷188列傳85有傳）。

高克恭為元代畫家，國立故宮博物院藏有其畫，惟不甚多。《好古堂書畫記》云：「高房山雲山大軸，自題『雲山隨處覺，風雨興中孤。』」頗有宋人風緻，受米、李、董諸家影響。生平以仕祿為主，藝術餘事也。

以上三位畫家在京師為張怡雲繪「怡雲圖」雖同一件故事，決不是同時進行，時間大有懸殊，這類雅事，祇要有收藏書畫經驗的人，才能領悟，如果將它視為「三個畫家一張畫」（現代有部電影好像是「三個女人一條繩子」），那就錯了。

四、姚牧菴　即姚燧字端甫，號牧菴，柳城人（河南西華縣）。姚樞從子，少孤及長從許衡遊，至元7年（1270）後，為

秦王府文學　元貞元年（1295）與商道擬總裁《世祖實錄》，至大 2 年（1309）官至翰林學士承旨知制誥，兼修國史，四年告歸。生於元太宗窩闊臺 11 年（1239），卒於仁宗延祐元年（1314），年 76 歲，諡文（元史 174 列傳 61 有傳）。姚為文閎肆賅博，豪而不宕，有西漢風，與盧摯齊名，著《牧菴文集》（註六）50 卷。時元宅安天下已百餘年，倡鳴古文，群推姚燧一人，擬比之唐韓愈、宋歐陽修。亦擅作曲，小套頗多，見與各家曲選中。

　　五、閻靜軒　即閻復字子靜，號靜軒，其先世平陽，後徙居高唐（山東東昌縣）。弱冠入東平學，至元 8 年（1272）王磐薦為翰林應奉改修撰，成宗鐵木耳即位（1298）除集賢學士，累拜翰林學士承旨。武宗時閻復首陳三事，言皆剴切，進階榮祿大夫授平章事。生於元太宗 8 年（1236），卒於仁宗皇慶元年（1312），年 77 歲，諡文康，著《靜軒集》50 卷（新元史卷188、元史 160 俱有傳）。

　　閻復善交遊，初挾鄉人書至京師，謁見名流賈仲明（非《錄鬼簿續編》作者），以梅枝柱杖為獻禮，適諸公至，令賦〈梅枝柱杖〉詩（元詩紀事卷 4），大悅，皆為之延譽。又扈駕上京，賦詩寓規諷稱旨。世祖忽必烈稱「有才如此何不用！」從此青雲得路。閻復與姚燧交甚密切，互相酬唱見於《元詩集》諸書。

　　六、史中丞　指史姓的官，居作中書職官大員，筆者疑此人應是史樞。史樞為中書左丞：見《蒙兀兒史》卷 38 列傳 60〈史天澤附傳〉，小註「宰相表不著」；《新元史》卷 128 列傳 35

〈史天澤附傳〉；《元史》卷 155 列傳 53〈史彬中書左丞〉。三書記載不同，《新元史》陷入孤證。史構為元代歷仕五朝，身經百戰，出將入相，身受忽必烈最器重史天澤之公子。天澤有子八人：名史格、樟、棣、杠、杞、梓、楷、構（見蒙兀兒史），構為「中書左丞」。《元史》將「構」作「彬」；《新元史》云天澤有九子，疑誤。史格為元攻宋有戰功見附傳。傅惜華《元雜劇考》著錄史樟字敬先，號散仙，真定人　散曲作家，史天澤之子，……與白樸同時人，雜劇作品僅一種《老莊周一枕蝴蝶夢》；他官順天新軍萬戶。史樟與史構是兄弟，史構官中書左丞，《青樓集》稱他為「史中丞」，又「此乃中丞史公子」。

　　張怡雲熱烈歡迎這位公子達官，先敬他的酒，唱〈水調歌〉：「雲間貴公子，玉骨秀橫秋。」「雲間」是今江蘇松江縣，並非誤將史構視為雲間人，這是一個典故。《晉書》卷 54〈列傳〉24。「陸雲傳」。陸雲與陸機兄弟齊名，人稱「二龍」，雲字士龍華亭人（亦松江縣）；荀隱字鳴鶴，日下人（京師），吳平，入洛，「（陸）雲與荀隱素未相識，嘗會張華坐，華曰：『今日相逢可無作常談。』雲因抗手曰：『雲間陸士龍』，隱曰：『日下荀鳴鶴』。華撫掌大笑！」此處含有朋友仰慕已久，初次見面不必客套，盡情談心罷！張怡雲有捷才，用「雲間貴公子」譬喻，恰到好處，所以「史甚喜」。

　　趙孟頫三人畫「怡雲圖」，與姚燧三人與張怡雲盤桓，像是一幅圖畫，一篇精采的小品文，充滿詩情畫意，風雅宜人。筆者讀趙著《松雪齋集》與高著《房山集》，都沒提到此事，「怡雲圖」繪事可補二書之逸。

　　「鐘樓街」與「海子上」史構會張怡雲寓宴地點，先是，遇於「鐘樓街」，然後去「海子上」家。按「鐘樓」是古代大小都城中心，都有報時大鐘的高樓，聳立於街衢間，鄰近地方多稱「鐘樓街」，《馬可波羅遊記》，也常提到都市的「鐘樓」。《析津志》記元大都（北京）鐘樓以西斜街臨「海子」，率多戲臺酒館。

　　《元史》卷 64〈志〉16「河渠」一載：「海子岸上接龍王堂，以石甃其四周，海子一名積水潭，聚西北諸泉之水，流行入都而匯於此，江洋如海，都人因名焉。」趙孟頫與青年詩人李材〈同賦海子上即事〉詩，李材詩有云：「馳道塵香逐玉珂，彤樓花暗鼓雲和。……月榭管絃鳴曙早，水亭簾幕受寒多。少年易動傷心淚，喚取蛾眉對酒歌。」《松雪齋集》有〈海上子即事與李子構同賦〉詩，有「小姬勸酒倒玉壺」之句，正是描寫「海子上」此處歌榭舞臺林立，京師名伎多聚居此地，是車馬雜沓的商業社交中心。

　　根據上述諸賢生卒年代，推斷這件記事：趙孟頫他們三位是元代早期畫家，姚燧他們二位是元代早期文學家，繪「怡雲圖」的年代，下限於 1310 年，過了這年高克恭便逝世了；姚燧三人聚會「海子上」年代，下限於 1312 年，過了這年閻復逝世了。這幾位先生大都享壽六、七十歲，並非「年老入花叢」的色中餓鬼；所以推得張怡雲是十三世紀末期元代京都名伎，她在《青樓集》中排名第二，算是名伎的前輩，當她艷名遠播時，上述諸人不過四、五十歲。她以才貌雙兼，交遊於眾多達官貴人之間，祇算是應酬頻繁的個案。

五、鮮于樞與曹娥秀

《青樓集》〈曹娥秀〉傳記：

> 京師名妓也。賦性聰慧，色藝俱絕。一日鮮于伯機開宴，
> 座客皆名士。鮮于因事入內，命曹行酒適遍，公出自內，
> 客曰：「伯機未飲」曹亦曰：「伯機未飲」，客笑曰：
> 「汝以伯機相呼，可爲親愛之至。」鮮于佯怒曰：「小鬼
> 頭，敢如此無禮！」曹曰：「我呼伯機便不可，卻只許爾
> 叫王羲之也。」一座大笑。

　　鮮于伯機　即鮮于樞字伯機，號困學民，又號直寄老人，漁陽人（河北薊縣）。至元年間以才選爲浙東宣慰司經歷，改浙江省都事，公卿屢以辭翰薦於館閣，不果用，遷太常寺典簿。晚年因不耐事，閉門謝客，營一室曰「困學齋」，研讀終身。鮮于善詞賦，工行草書及繪畫，尤善鑑定書法、名畫、古文物，文望與趙孟頫相伯仲。生於元寧宗蒙哥 7 年（1275），卒於成宗鐵木耳大德 6 年（1302），年 46 歲，著有《困學齋集》、《困學齋雜錄》，世人但知其善書法，而不知其吟詠之工。國立故宮博物院收藏其書法甚多，經常展覽，並有名帖發售。」

　　鮮于樞意象雄豪，軒騎所過，父老環聚指目曰：此鮮于公也。趙孟頫與鮮于樞交誼至篤，《松雪齋集》有〈哀鮮于伯機〉詩：「我方二十餘，君髮黑如漆，契合無間言，一見同宿昔。」孟頫長樞年 21 歲，但孟頫比樞多存活 20 年。趙孟頫與鮮于樞、衛謙三人，在名伎周喜歌家盤桓，周喜歌字悅卿，貌不甚揚而體態溫柔，也是才女型，趙孟頫書「悅卿」二字；同時鮮于樞、衛

謙等人題詞以贈。衛謙號山齋是書家，書學「舍利塔銘」，亦能曲詞（《東維子集》、《輟耕錄》、《元曲家考》）。

　　過去傳統有教育文化的社會，對於人的稱呼，有一套倫理，如平輩彼此間稱字號，不逕呼其名，如趙孟頫稱「趙子昂」、「趙松雪」。長輩可以呼晚輩的名字，但加上一個「君」字，現代臺灣垃圾郵件，都稱收信人為「君」，等於老子給兒子手示！他們不懂文化為何物？就難怪他們，一笑置之可也。晚輩尤其婢僕身分稱長輩或主人為「大人」、「老爺」。曹娥秀稱她的主人鮮于樞為「伯機」，賓客就笑稱他倆人的關係，已不尋常，「可謂親愛之至」，這說代表伶人與士大夫交遊之深。　從前，書寫工具為毛筆，因工具效能，有點橫直撇之分，字體有正（真）草隸篆。寫字天賦好的人，加上用點功，都像個樣子，寫到略具意象時，大家就調侃他，如「王羲之」來了，表示會寫字。曹娥秀對鮮于樞撒嬌：「我呼伯機便不可，卻只許爾叫王羲之也！」故一座大笑，這句話對書家調笑，真能傳神。

　　曹娥秀賦性聰慧，可是她是出身於「路岐」的藝人。在高道安〈嗓淡行院〉曲中，提到她的姓名：「梁園中可慣經，桑園裡串的熱，似兀的武光頭、劉色長、曹娥秀，則索趕科地，沿村轉疃走。」顯示這個行院戲班，沒有固定樂棚，要衝州撞府「打野呵」到處趕場。尤其佚名〈拘刷行院〉曲，說教坊來人抓「私倡」指沒有執照演藝團體，所以說：「提控有小宋，權司有老劉，更有那些隨行的村野獸。……驚得雲鎖了許盼盼春風燕子樓，慌煞俺曹娥秀。」兩種散曲都提到「曹娥秀」的芳名，當然是叮噹響的人物；「劉色長」是指劉耍和，他是民間藝人，後來

做了「教坊色長」芝麻官；「武光頭」，不知其名，祇知道他筋斗翻得出名，現代國劇稱這種人是「筋斗人」。劉耍和輩分極長，是元初年的名角，他的女婿叫花李郎與紅字李二，曾與元曲四大家之一的馬致遠合作《開壇闡教黃粱夢》雜劇，馬致遠年代大約在 1251-1321 年之間，劉耍和長他一輩，曹娥秀有與劉耍和相提並論，《青樓集》將她排名第三，也算是元代戲劇前輩行家，在京師交遊名流之間，論出身直是「烏鴉變鳳凰」。他跑紅的年代，推斷在至元、大德初年 1289 年先後？

筆者個人感覺，結撰交遊考的文字，資料是縱橫交錯的，同時代的人都有相與來往事實，從詩文集及說部鉤稽起來，對我而言並非一件易事，從上兩則敘述，可見困難一斑矣。

六、馮子振與珠簾秀

《青樓集》〈珠簾秀〉傳記：

姓朱氏，行第四。雜劇為當今獨步；駕頭、花旦、軟末泥等，悉造其妙。胡紫山宣慰，嘗以沉醉春風曲贈云：「錦織江邊翠竹，絨穿海上明珠。月淡時，風清處，都隔斷落紅塵土。一片閒情任春舒，挂盡朝雲暮雨。」馮海粟待制，亦贈以鷓鴣天云：「憑倚東風遠映樓，流鶯窺面燕低頭。蝦鬚瘦影纖纖織，龜背香紋細細浮。紅霧斂，彩雲收，海峽為帶月為鉤。夜來捲意盡西山雨，不著人間半點愁。」蓋朱背微僂，馮故以簾鉤寓意。至今後輩以「朱娘娘」稱之者。

一、胡紫山　即胡祇遹字紹開號紫山,磁州武安人(河北永年縣),家彰德。少孤,既長讀書,見知於名流,中統初(1260)張文謙辟為員外郎,入中書評定官。至元元年(1264)授應奉翰林學士,兼太常博士,累轉左右司員外郎,以忤權奸阿含馬,出任太原路治中,兼提舉本路鐵冶,改河東山西刑按察副使。宋滅後(1279)為荊湖北道宣慰副使,後改濟寧路總管,升山東東西提刑按察使。祇遹所至抑豪右,扶寡弱,敦教化,勵士風,召拜翰林學士不赴,改江南浙西道提刑按察使,未幾以疾辭歸。至元29年(1292)徵「耆德」者10人,祇遹為之首,以疾辭。生於金哀宗正大4年(1227),卒於至元30年(1293),年67歲。延祐五年(1318)追贈禮部尚書,諡文靖,著《紫山全集》(註七)26卷行於世(元史卷170列傳57有傳)。

　　胡祇遹《紫山全集》中,有關戲曲理論文字,主張戲曲有兩大功能:為教化與宣洩作用,所謂「樂於政通」,樂教可以代替法律,維持社會秩序,即現代的「社會教育」的宗旨;其〈黃氏詩卷序〉提出演員表演方法「九美」,闡釋表演藝術理論與實際,對元人雜劇發展有相當貢獻。

　　二、馮子振　即馮海粟字子振,自號怪怪道人,瀛州客,攸州人(湖南攸縣)。仕為承事郎集賢待制,於書無所不記,為文嘗按案疾書,隨紙數多寡,頃刻輒盡,事料醲郁,美如簇錦。金華宋景濂稱「馮公以博學英詞名於時,當其酒酣氣豪,橫厲奮發,一揮萬言,少亦不下數千,真一世之雄哉!」生於元憲宗7年(1257),卒於泰定4年(1327),年71歲,與其〈贈朱璧〉詩紀年符合。子振是元代大儒,在《元史》卷190列傳77〈儒學

二有傳〉，著《海粟詩集》外，所做散曲甚多，今存小令 40 餘首，以〈鸚鵡曲〉最稱著。

　　珠簾秀是當時雜劇名演員，擅長各種角色——生、旦一把抓的人物，名公士大夫極為推重。胡祇遹題〈沉醉東風曲〉贈她，上限年代在 1279 年；除胡、馮以外，其他大家如王惲贈以〈浣溪沙〉，盧摯有〈醉贈珠簾秀〉（見《樂府群玉》）。王惲與盧摯是元代大文豪，珠簾秀也有【雙調·壽陽曲】——答盧酸齋，酸齋是盧摯的別號。大戲劇家關漢卿有【南呂宮·一枝花】——贈朱簾秀：「十里揚州風物妍，落著神仙。」可見珠簾也曾在江南揚州上演之勝。

　　珠簾秀高徒賽簾秀，有青出於藍之喻。可惜中年雙目失明，然仍演戲，出門入戶，步線行針不差毫髮（《青樓集》），正是「眼瞎路熟」的戲曲行家。她聲遏行雲，古今絕唱。

七、劉時中與順時秀

《青樓集》〈順時秀〉傳記：

　　姓郭氏，字順卿，行第二，人稱之曰「郭二姐」。姿態閑雅。雜劇為閨怨最高，駕頭諸旦本亦得體。劉時中待制，嘗以「金簧玉管，鳳吟鶯鳴」，擬其聲韻。平生與王元鼎密。偶疾，思得馬板腸，王即殺所騎駿馬以啗。阿魯溫參政在中書，欲矚意於郭，一日戲曰：「我何如王元鼎？」郭曰：「參政，宰臣也；元鼎，文士也。經綸朝政，致君澤民，則元鼎不及參政；嘲風弄月，惜玉憐香，則參政不

敢望元鼎。」阿魯溫一笑而罷。

一、劉時中字逋齋，古洪人（疑江西南昌）。《錄鬼簿》著錄他的名字，他與鍾嗣成同時，也與姚燧、盧摯相識。一生足跡遍浙江西湖、湖南洞庭、湖北武昌、華中一帶，是一位頗具見地的社會觀察家，他與女伎酬唱，所著散曲極多，題材廣泛。

二、阿魯溫字叔重號東泉，蒙古人，亦音譯「阿魯威」。至治間（1321-1323）官南劍太字，泰定間（1324）為經筵講官，參知政事，所以順時秀稱他為「參政、宰臣」。他也是曲家，所著見於《陽春白雪》、《樂府群玉》諸書。

三、王元鼎籍里本不詳？根據孫楷第〈元曲家考〉（註八）引吳澄《吳文正公集》卷6〈玉元鼎字說〉，疑「王元鼎」為「玉元鼎」之誤。元鼎西域人，始祖玉速阿拉，從元太祖鐵木真征宋，為勳舊世臣家；後世子弟慕周公、孔子之道，學於中夏，故名「王元鼎」。元鼎以至大、皇慶（1308-1313）入國子學，受業於吳澄，讀《大學》、《論語》，習窮理克己之學，元代人以「玉」作「王」實形近之誤，世人以王元鼎稱之。

順時秀是一位全才演員，以現代京劇口脗言之：「青衣」戲最佳，「老生」、「花旦」也都演得很好。而且一副好嗓子，劉時中形容她「金簧玉管，鳳吟鸞鳴」，相當花腔女高音的聲樂家。她又能言善道，交遊於達官貴人之間，一句話，消滅了阿魯溫與王元鼎的爭風喫醋！

順時秀對阿、王之間的奉承話，見於《詞林摘艷》卷7，有王元鼎套曲【商調‧河西後庭花】序言，文字大致與《青樓集》相同，惟稱「順時秀」為「萃文秀」。又《輟耕錄》卷19〈妓聰敏〉，也有這段對話，文字有不同，可見事出有因，傳寫異辭而已。《輟耕錄》卷4〈廣寒秋〉云：「虞邵菴先生在翰林院時，宴散散學士家，歌兒郭氏順時秀者，唱今樂府。……先生愛其新奇。」

四、虞邵菴　即虞集字伯生，號道園，亦號邵菴，崇仁人（四川仁壽縣）。大德初年薦為大都路儒學教授，歷官翰林直學士。詩學杜甫兼及六朝。生於宋度宗咸淳8年（1272），卒於元順帝至元8年（1348），年77歲，諡文靖，著《道園學古錄》（註九）傳於世。虞集喜愛戲曲，對於元代雜劇發展，盡相當宣導之力。

順時秀不僅她個人成功，她的弟子陳氏歌伎，享有盛名。高啟（1336-1374）《高太史大全集》卷8〈聽教坊舊伎郭芳卿弟子陳氏歌〉，芳卿就是順卿，亦稱「郭二姐」。陳氏歌伎，詩云：「文皇在御昇平日，上苑宸遊駕頻出。仗中樂部五千人，能唱新聲誰第一？燕國佳人號順時，姿容歌舞才稱奇。中宮奉旨時宣喚，立馬門前催畫眉。」（《高青邱詩集》亦載此詩）「文皇」指元文宗圖鐵睦爾（天曆、至順在位，1328-1332），對於有時譽的聲伎，都很優渥。又如《青樓集》載：「玉蓮兒歌舞談諧，悉造其極，文楸握槊之戲，嘗得侍於英廟，由是名冠京師。」「英廟」指英宗碩德八剌（至治1321-1323），算是特達異數的伎人。

　　元‧張昱《盧陵集》有〈輦下曲〉一百二首，其中有吟郭氏順時秀曲：「教坊女樂順時秀，豈獨歌傳天下名。意態由來看不足，揭簾半面已傾城！」將比喻成漢朝趙飛燕與唐朝楊玉環。這類宮中祕聞，都是內臣出入宮闈所賦，俱乃聞見事實（《元詩紀事》卷25）。

　　順時秀本來是京師艷冠群芳，能言善道的名伎，紅極一時，交遊公卿，後來竟列入教坊宮伎，身價百倍。她的年代大約在至治、至順年間 1321-1335 年，她本名叫郭芳卿，順時秀是演劇的藝名；也曾叫萃文秀。元代藝人受到當今皇帝的聖眷，除她以外，就是玉蓮兒。

八、盧摯與解語花

《青樓集》〈解語花〉傳記：

> 姓劉氏。尤長於慢詞。廉野雲招盧疎齋、趙松雪飲於京城外之萬柳堂。劉左手持荷花，右手舉杯，歌驟雨打新荷曲。諸公喜甚，趙即席賦詩云：「萬柳堂前數畝池，平鋪雲錦蓋漣漪。主人自有滄洲趣，遊女仍歌白雪詞。手把荷花來勸酒，步隨芳草去尋詩。誰知咫尺京城外，便有無窮萬里思。」

　　一、「廉野雲」是何許人也？在傳記書籍中查不到，據《輟耕錄通檢》（註一○）：「廉野雲見廉希憲」，由此得知野雲為希憲之號，除此別無記載。《元史》卷126，《新元史》155〈廉希憲列傳〉，稱有文武才，為開國有功之臣：「十七年十一月十

九日夜，有大星隕於正寢之旁，流光照地久之，方滅；是夕希憲卒，年五十。」由世祖治元 17 年（1280）逆推，希憲生於太宗窩闊臺元年（1229）；有六子，弟希賢居要職，元史有附傳。此次宴會東道主為廉希憲，地址京師萬柳堂。

二、盧疏齋　即盧摯字處道，號疏齋，涿郡人（河北涿縣）。至元 5 年進士(1268)，累遷中少大夫，河南路總管。大德初授集賢學士，河東道廉訪使，後復入翰林學士遷承旨。生於太宗 8 年（1235），卒於成宗大德四年（1300）年 66 歲，著《疏齋集》行於世。

元初年，中州文壇，文章推姚燧、盧摯，詩推劉因、盧摯；論曲以盧摯為首，徐炎、鮮于樞次之，可見其文名之盛。

劉伎這「芳名」──解語花，見唐太液池，有千葉白蓮，中秋盛開，玄宗宴賞，左右皆嘆羨久之。帝指貴妃曰：「爭如我解語花」因取以為詞名（《填詞名解》卷 2）。「解語花」就是「蓮花」，所以劉氏左手持荷花，右手舉杯唱〈驟雨打新荷〉曲子。

趙松雪即趙孟頫，見本稿 4 節之 1，這時他與廉希憲、盧摯之間為晚輩，即席賦〈萬柳堂〉詩，〈萬柳堂詩〉傳播甚廣，見於《松雪齋集》、《元詩選》、《元詩紀事》諸書。詩中「主人自有滄州趣，遊女仍歌白雲詞。」，是用唐人薛弱用《集異記》高適「旗亭畫壁」故事。

盧摯有〈贈歌者蕙蓮劉氏〉曲云：「問何人樹蕙芳洲，便春

滿詞林，香滿歌樓。紈扇微風，羅裙纖月，作弄新秋。好客呵風流太守，怎生般玉樹維舟，樽前酒遲留。醉黑烏紗，當得纏頭。」（《樂府群玉》卷3）這隻曲子是為了「解語花」而作，「古時妓者止以樂名稱之耳，亘古無字。」（《太和正音譜》）所以，「解語花」是「劉蕙蓮」的藝名，合於名字解詁之例。盧摯也沒輕看解語花，稱她是「歌者」；甚麼「歌妓」這種名詞都不用！足見彼此相知相愛之深。盧摯與珠簾秀有唱酬，與金陵名伎杜妙隆有相見恨晚之〈踏沙行〉曲，極風流之至。解語花享名的年代，下限於 1280 年，是元初年，應當比張怡雲時代還早甚多。

　　以上敘述五位女伶，皆與品格高尚士兼交遊情形，其餘亦頗有佚聞趣事，因篇幅有限，恕不詳贅。

九、元好問與張嘴兒

《青樓集》〈宋六嫂〉（說集本作「宋六姐」）傳記：

> 小字同壽。元遺山有贈篳篥工張嘴兒詞，即其父也。宋與其夫合樂，妙入神品；蓋宋善謳，其夫能傳其父之藝。

　　一、元遺山　即元好問字裕之，號遺山，太原秀容人（山西忻縣）。六歲能詩，師事陵川郝天挺，金興定3年（1219）舉進士，仕至左司都事員外郎，入翰林知制誥。金亡（1234）不仕，築亭於家，取金歷代實錄晨夕鈔集，欲成一代（金）信史，至數百萬言，未卒業而逝。好問生長北方，多豪俠之氣，又懷亡國之痛，故詩多慷慨悲涼。生於金章宗明昌元年（1190），卒於元憲

宗7年（1257）年，年68歲，有《遺山詩集「（註一一）及《續夷堅志》、《壬辰雜編》等書行於世。

　　張嘴兒是一個吹觱篥唱曲藝的藝人，也是夫妻檔的「術術人家」。元好問與他友好，曾作〈水龍吟‧贈吹觱篥者張嘴兒及乃婦田氏合曲賦此〉曲，有云：「十年燕市重經過，鞍馬宴鳴呵。趁饞風微吟，嬌鶯巧轉，紅春細螺。纏頭斷腸詩句，似鄰舟一聽惜蹉跎。休唱貞元舊曲，向來朝士無多。」慨喟金亡未久，燕京曲壇情形。

　　宋六嫂是張嘴兒的女兒，母田氏，嫁給宋姓的藝人為妻，夫婦唱曲知名，宋能歌唱，夫能伴奏，兩人合作演出，被人稱「妙入神品」，而且其夫之演奏技巧，得之於岳父張嘴兒。滕玉霄嘗賦〈念奴嬌〉曲以贈云：「柳鬙花困，把人間恩愛，尊前傾盡。何處飛來雙比翼，直是同聲相應。寒玉嘶風，香雲捲雪，一串驪珠引。元郎去後，有誰著意題品。誰料濁羽清商，繁絃急管，猶自餘風韻。莫是紫鸞天上曲，兩兩玉童相並。白髮梨園，青衫老傅，試與流連聽。可人何處，滿庭霜月清冷。」這隻曲子讚美宋六嫂夫婦恩愛，共同為曲藝打拼，博得聽眾激賞，又感慨元好問逝世：「元郎去後」，便沒有「著意題品」的人來吹植他們了，又說這麼好的曲藝，人間那得幾回聞？無奈年華老去，「白髮梨園，青衫老傅。」，不勝唏噓！可見滕玉霄與這老藝人，感情十分深厚。此曲與元好問〈水龍吟〉曲是相呼應的，「休唱貞元舊曲，向來朝士無多。」，「貞元」為金海陵王完顏亮年號，在西元1153-1156年。可見宋氏夫婦年代是金末元初的優伶。

二、滕玉霄　即滕斌字玉霄，黃岡人（湖北黃岡）。風流篤實，韻然可人，其談筆墨，為人傳誦。至大間任翰林學士，為江西儒學提舉；後棄世入天臺山為道士，著有《玉霄集》，多看破紅塵，優遊自適之語。《樂府群玉》等書載其所作曲。

十、胡祗遹與趙文益

趙文殷是元代早期的伶人，他的記述甚多異詞，如：一、天一閣藍格本《錄鬼簿》著錄：「趙敬夫彰德人，教坊官。」二、明朱權《太和正音譜》作「趙明鏡」；三、明鈔集說本《錄鬼簿》作「趙文英」；四、曹楝亭本《錄鬼簿》作「趙文殷彰德人」；五、王國維《曲錄》作「趙文敬」。為甚麼一個人有 5 種不同的名字？根據校勘學方法研究，「文敬」、「文殷」、「文英」是字音相近致誤，基於這種理論，認為是「趙文敬」一個人，便有點「調人」之嫌，實事求是，莫作調人，何況這些名字也不合「名字解詁」之例範。故孫楷第〈元曲家考〉，有「其人與趙文敬皆名連『文』字，疑為兄弟行。」誠「金鍼度人」之警言，也間接傳遞了趙家可能是「伶倫門戶」，兄弟輩以演戲為業。

胡祗遹生平事跡，詳見本稿第 6 節之 1。《紫山大全集》卷 7 有〈贈伶人趙文益〉詩，卷 8 有〈優伶趙文益詩序〉。如〈贈伶人趙文益〉詩二首：

> 富貴賢愚共一塵，萬紅千紫競時新。到頭誰知黃粱飯，輸於逢場作戲人。抹土塗灰滿面塵，難猜公案這翻新。世間

萬事誰真假，要與長安陌路人。

「抹土塗灰」就是形容演戲演員開臉化妝；如「若會插科使砌，何吝擦灰抹土。」（南戲《錯立身》）這兩首詩，好像是趙文益上演馬致遠《開壇闡教黃粱夢》雜劇，給胡氏遹感慨世事無常，真偽難辨，如同看戲。

又〈優伶趙文益詩序〉有云：

> 趙氏一門，昆季數人。有字文益者，頗喜談，知古今，趨承士君子。故於所業，以新巧而易拙，出於眾人之不意，世俗之所未嘗見聞者，一時觀聽者多愛悅焉。遇名士，則必求詩文字畫，似於所學有所自得，已精而益求其精，終不敢自足，驕其同輩。

胡祇遹指出趙文益是「趙氏一門，昆季數人。」難怪當時著錄戲劇家的專書，著錄趙氏優伶人口，有各種同姓異名的人？後世卻還以為是一個人。胡祇遹與趙文益交情最深，稱揚他品格高尚，不與人同流合污，「於斯時也，為優伶者亦難矣哉！」同時他們也是彰德的同鄉人。

十一、張可久與楊駒兒

《青樓集》〈楊買奴〉傳記：

> 楊駒兒之女也。美姿容，善謳歌。公卿大夫，翕然加愛。性嗜酒。後嫁樂人查查鬼張四為妻，憔悴而死。貫酸齋嘗以「髻挽青螺，裙拖白帶。」之句譏之；蓋以其有白帶疾也。

「楊駒兒」當然是一位男藝人的名字，在《錄鬼簿》中有他

的紀錄。《錄鬼簿》上卷，著錄「孔文卿平陽人，著《東窗事犯》雜劇。」註云：「二本、楊駒兒按。」『一云「楊駒兒作」』。同書下卷，著錄金志甫（卒於天曆 2 年，1329）亦作《東窗事犯》，注云：「次本」。疑孔文卿為首創本，金志甫為續作本，故云「次本」。天一閣藍格本《錄鬼簿》云：「二本、楊駒兒按」似為賈仲明輯此書時，已知有「二」種板本在傳唱，孔文卿的本子，是「楊駒兒按」的。

至於「二本、楊駒兒按」，在曹本《錄鬼簿》著錄：「一云楊駒兒作」；這「按」與「作」似乎有很大的差別？「按」字我覺的當「做排場」來講。因朱凱序《錄鬼簿》，說鍾嗣成作雜劇多種：「皆在他處按行，故近者不知。」「按行」是上演的意思，與「楊駒兒按」表示導演的戲。孔文卿是元代前輩已死名公才人（劇作家），著《東窗事犯》雜劇，本楊駒兒導演　因而兩人都成功了。

一、楊買奴是楊駒兒的女兒，天生麗質，唱得好曲藝，善於交際，當時「公卿士夫」，翕然加愛，可惜酗酒，也未嫁到好丈夫，憔悴而死；貫酸齋曾題詩贈她，也用「裙拖『白帶』」調笑她。楊買奴大概是「英年早逝」，她父親楊駒兒，也享壽非永！元代曲家張可久替他掃墓。

二、張可久有【南呂宮・罵玉郎過感皇恩、採茶歌】〈楊駒兒墓園〉一曲，情辭懇切感人：

苺苔生滿蒼雲徑，人去小紅亭。題情猶是酸齋贈，我把那詩韻賡，書畫評，闌干憑。茶灶塵凝，墨水冰生。掩幽

扃，懸瘦新，伴孤燈。琴已亡伯牙，酒不到劉伶，策短藤，秉暮景，放吟情。寫新聲，寄春鶯，明年來此賞清明。窗掩梨花庭院靜，小樓風雨共誰聽？

張可久字仲遠，號小山，慶元人（浙江鄞縣），以路吏轉陞民收領官，又曾任桐廬典史。清朝纂修四庫全書，鄙薄元人雜劇，作者出身卑微，故不收雜劇，惟取可久著《張小山小令》2卷，為欽定《四庫全書總目》（註一二）卷200「詞曲類」存目，聊備一格，以為元代戲曲代表之作，並指元曲「是敝精神於無用，然其寫景，亦時能得樂府之遺，小道可觀。」足見昔日雜劇，在學優而仕文化官僚的傳統文學之中，沒有較相當的地位。

張可久的年代，據孫楷第《元曲家考》，說他在至正初年（1341），年70餘，為「崑山幕僚，猶匿其年數。」即將年齡報小些，混口飯喫，處境堪憐。但他交遊廣闊，與盧摯、貫雲石唱和；倪瓚（元代四大畫家之一）有〈贈小山張橡史〉詩；他稱馬致遠為前輩先生，有〈次馬致遠先輩韻‧慶東園曲〉9首，至正8年在世（1348），所作散曲甚多傳於後世。明‧李開先將張可久與喬孟符的小令，比如唐詩人李白、杜甫，足見注重。張可久曲中：「題情猶是酸齋贈，我把那詩韻賡。」證明楊駒兒這般伎藝超群的優伶，與士君子往來極密切的。

三、貫酸齋　即貫雲石，維吾爾人，父名貫只哥，官平章，也是《青樓集》嘉賓，納湖廣名伎金獸頭為妾。貫雲石自名小雲石海涯，又號酸齋，是西域移民漢化甚深的夷人。他神采秀異，膂力絕人，初龔父官為兩淮萬戶達魯花赤（蒙古語長官之意，元代各層級行政司府皆設此職。），繼選英宗潛邸說書秀才，仁宗

拜翰林侍讀學士，未幾辭歸江南。他喜好與伶人交遊，有【中呂‧上小樓】〈贈伶婦〉曲：「覷著妳十分艷姿，千年心事。若不就著青春，擇個良姻。更待何時等個倥伺？尋個掙四；成就了這翰林學士。」（太平樂府卷4）似乎描寫待字行院女子而言。

　　元代優伶與士夫交遊，並非上述三數事而已。中國古代公卿士夫、文人學士與優伶周旋，歷史悠久，如唐詩人杜牧、宋詞人柳永，就是典型的例子，元代士夫並非特別愛好色情，但以愛慕青樓才伎、優秀藝人為風雅，亦見諸事實。所可惜的，是夏伯和《青樓集》後，續作《末尼別錄》（大概專講男性演員生活之書）未傳於世，不然多些資料供我們談助。

十二、餘論——元代伶人的歸宿

　　關於元代優伶的「歸宿」，當然逃不了人生大限，倘若得享高年，在死亡之前一段晚霞時期，如何安頓自己？所謂「下場頭」！倒不如乘著青春年華時期，「若不就著青春，擇個良姻。」（上節貫雲石〈贈伶婦〉曲）。話雖如此，也得看個人交遊與機運，獲得善終！唱完他們自己的一臺好戲。

　　本稿主題人物，是梁園棚班主許堅，受鍾離權度化，成為「八仙」之一的藍采和，過著不老仙家生活，這祇是虛擬的故事。反觀與他當年同臺演戲的妻子、表兄弟「王把色我，如今八十歲，李薄頭七十歲，嫂嫂九十歲，都老了也。做不得營生，他每年小的便做場，我們與他擂鼓。」（第四折曲白），可憐混生活，又因為藍采和出家去了，戲班沒有主角，淪落到衢州撞府的流動班子，最後煙消雲散！茲根據《青樓集》眾女伎「下場」發

生許多美滿、波折、快樂與辛酸故事，分為 7 類敘述於下：

一、結婚生子：「王金帶姓張氏，行第六，色藝無雙。鄧州同知娶之，生子矣。有譖之於伯顏太師，欲取入教坊承應，王因一尼爲地，求間於太師之夫人，乃免。」（《青樓集》以下同類文書不再註記）這是人生最員滿的結局，僅此一件而已。

伯顏太師　即伯顏八鄰氏，蒙古人。至元初奉使入元，世祖忽必烈見其文質甚厚，風神英偉，遂留之，拜中書左丞，後總兵攻宋，宋亡，第功增邑六千戶，至元 26 年（1289）進金紫光大夫，元貞元年卒（1295），年 59 歲，追贈淮安王，謚忠武（元史卷 127 有傳）。王金帶要「落籍」與人結婚，遭人嫉妒，得虧一位尼師向伯顏夫人說項，才解決問題。

二、為人側室：「王奔兒長於雜劇，然身背微僂。金玉府總管張公，置於側室。……張沒，流落江湖，爲教師以終。」「側室」的俗名「小老婆」具有一定身分與地位，比現代「同居」高一個層次，「外遇」、「二奶」更是見不得人之事。還有雜劇花旦顧山山，也嫁華亭縣長側室，他們都是「老少配」，男方先逝，難偕白頭！

三、不幸再醮；「天然秀姓高氏，行第二，人以小二姐呼之，母劉，嘗侍史開府（史天澤的官府）。……閨怨雜劇，爲當時第一。始嫁行院王元俏、王死、再嫁焦太素治中；焦後沒，復落樂部，人咸以國香深惜！然尚高潔凝重，尤爲白仁甫、李溉之所愛賞云。」天然秀一嫁再嫁，都不能到頭，實在命不由人，最

後重操舊業。他高潔凝重，深受大戲劇白樸與經學家李洞的愛賞。

李洞字溉之，滕州人（山東滕縣）。國史院編修官，預修元代《經世大典》，為文奮筆揮灑，善書法，著有文集四十卷（元史卷 183 有傳）。

四、寄托煙霞：「李真童，張奔兒之女也。十餘歲即名動江浙，色藝無比，舉止溫雅，語不傷氣，綽有閨閣風致。達天山檢校浙省，一見遂屬意焉。周旋三載，達秩滿赴都，且約以明年相會；李遂為女道士，杜門謝客，日以焚誦為事。至期，連授諸暨州同知，而來備禮取之。後達沒，復為道士，節行愈勵云。」在風塵打滾女子，見多識廣，容易看破紅塵，參悟人生哲理，而為女道士者，非李真童一人而已。

五、皈依佛門：「汪憐憐湖州角妓，美姿容善雜劇。涅古伯經歷甚屬焉。汪曰：『若不棄寒微，當以側室處我。』涅遂備禮納之，克盡婦道，人無間言。數年涅沒，汪髡髮為尼，公卿士夫訪之，汪毀其形，以絕眾之狂念，而終身焉。」還有翠荷秀，石萬戶置之「別室」。石沒，誓不他適，終日卻掃焚香誦經。石之子雲墅、孫伯玉襲萬戶，每年都來廟拜候這位「阿姨」。《青樓集》作者夏伯和見到她，那時她已七旬，「鬢髮如雪，兩手指甲皆長尺餘！」翠荷年代比汪憐憐稍早，而行誼相若。

六、矢志自戕：「樊事真京師名妓也。周仲宏參議嬖之。周歸江南，樊飲餞於齊化門外。周曰：『別後善自保持，毋貽他人

之誚。』樊以酒酹地而誓曰：『妾若負君，當刳一目以謝君子。』亡何，有權豪子來，其母既迫於勢，又利其財，樊則始毅然，終不獲已。後周來京師，樊相語曰：『別後非不欲保持，卒為豪勢所迫。昔日之誓，豈徒設哉！』乃抽金篦刺左目，血流遍地，周為之駭然，因歡好如初。好事者編為雜劇，曰《樊事真金篦刺目》行於世。」女伎為知交守節、守信，矢志自戕故事甚多，如明朱有燉《劉盼春守志香囊怨》，薛近兗《繡襦記》傳奇，都是演此類故事，尤其《繡襦記》有〈篦目〉一齣，與樊事真故事相似，對節操砥礪多所珍重。

　　七、天不假年：「樊香歌金陵名姝也。妙歌舞善談謔，亦頗涉獵書史。……士夫造其廬，盡日笑談，惜壽不永，二十三歲而卒，葬南關外，好事者春遊，必攜酒奠其墓，至今率以為常。」歌苑名姝獲得士夫愛賞，實屬幸事，如花似錦的前途，可惜天不假年。正是「無限嬌娥門外哭，許多紅女土中埋！」誠人聞憾事耳。

　　從上述 7 種元代女伶「歸宿」，各具代表性。其實她們生活背後還有一隻「黑手」在暗中操縱，《青樓集》隱隱約約也顯示些微抒軸；那就是女伶的「母親」，與她的血統關係，是不是親生的女兒？抑是從人口販子那裡買來的聰明俊秀的女孩，培養技藝，長成人便當「搖錢樹」。如王巧兒與陳雲嶠，就是買賣婚姻，故事相當曲折。陳雲嶠即陳柏，泗州人（安徽泗縣），其祖官平章，豪宕結客，積金七屋，名公莫不折輩行與之交納，人稱「陳公子」（輟耕錄）。樊事實與周仲宏婚姻也是如此。她們的「母親」顯然是「假母」（鴇母），百般恐嚇，阻止他們從良，

眼中祇看到商人手中大把鈔票。最後，這些「母親」都拿到一大筆「恩養金」才肯罷休！

宋·廖瑩中《江行雜記》云：「京都中之小戶，不重生男，每生女則愛護如捧璧擎珠。甫長成，則隨其姿質，教以藝業，用備士大夫採拾娛侍。名目不一，有所謂『身邊人』，……『雜劇人』，……『廚娘』等，……等級截乎不紊，就中『廚娘』最為下色，然非極富貴家不可用。」所以《馬可孛羅行紀》（註十三）：「污八里城之貿易發達，戶口繁盛；尚應知者，凡賣笑婦女，不居城內，皆層附郭之中外國人甚眾，所以此輩娼妓為數亦多，計有二萬有餘，皆能以纏頭自給。」

元明雜劇中，也常常讀到調教女孩情形，如舊題武漢臣《李素蘭風月玉壺春》雜劇（實為賈仲明作），提到此事：

【老旦扮卜兒上】云：「老身嘉興府人氏，姓李。有一個女孩兒，小字素蘭，幼小間學成歌舞吹彈，做著個上廳行首。這裡也無人！我這個女兒，也不是我親養的；她自身姓張，幼小間過房與我做義女，如今十八歲了。詩詞歌賦，針黹女工，無不通曉，生的十分有顏色。時遇清明節令，著女孩兒梳洗打扮了，領著梅香去郊外踏青賞玩去，早些兒來家。老身無甚事，往劉媽媽家吃茶去也。」（元曲選本）

結果，李素蘭在郊外與玉壺生李斌邂逅相識，便發生戀愛。先是，假母屬意山西紬商金錢，以李斌與李素蘭都姓李，同姓不宜結婚；李素蘭便言他本姓「張」，幾經波折，終成良眷。李斌奉銀百兩給劉氏為「恩養金」，等於是「續身錢」。這種錢多寡

不一，視交遊對方的經濟能力而定；如無名氏《馬丹陽度脫劉行首》雜劇，林員外替劉倩嬌續身說：「她娘問我要三千貫，還不肯嫁我。」

參考書目

本稿除「附註」以外重要參考書目於下：

一、明宋濂纂修《元史》，臺北，鼎文書局，民國 79 年。

二、民國屠寄纂修《蒙兀兒史記》，臺北，鼎文書局，民國 67 年。

三、民國柯紹忞纂修《新元史》，臺北，開明書局，民國 54 年。

四、國立中央圖書館編《國立中央圖書館金元圖錄》，臺北，中華叢書編審會，民國 50 年。

五、楊家駱主編《遼金元傳記三十三種綜合索引》，鼎文書局，民國 62 年。

六、清顧嗣立輯《元詩選初集》，北京，中華書局，1987 年。

七、清陳衍輯《金詩紀事》、《元詩紀事》，臺北，鼎文書局，民國 60 年。

八、姜亮夫編《歷代人物年里碑傳綜表》，臺北，文史哲出版社，民國 74 年。

九、譚嘉定編《中國文學家大辭典》，臺北，世界書局，民國 70 年。

一〇、傅惜華輯《全元散曲》，臺北，中華書局，民國 58 年。

一一、虞君質編《美術叢刊》（收歷代論著 68 種），臺北，中華叢書編審委員會，民國 53 年。

一二、張光賓著《元朝書畫史研究論集》，臺北，故宮博物院，民國 68 年。

一三、中華書局《中國文學發達史》，臺北，中華書局，民國 51 年。

【附　註】

一、楊家駱主編《漢鍾離度脫藍采和》（全元雜劇三編第二冊），臺北，世界書局，民國 52 年。

二、元夏伯和著《青樓集》（歷代詩史長編二輯第二冊），臺北，鼎文書局，民國 63 年。

三、元趙孟頫著《松雪齋集》，臺北，商務印書館景印四庫全書本，民國 75 年。

四、金元好問著《元遺山詩文集》，臺北，商務印書館國學基本叢書本，民國 56 年。

金元好問纂《中州集》附《中州樂府》，臺北，鼎文書局，民國 62 年。

五、李修生著〈元代演員張怡雲〉《中華戲曲》第一輯，山西，1986 年，301-305 頁。

六、元姚燧著《牧菴集附年譜》，臺灣，商務印書館景印四庫全書本，民國 75 年。

七、元胡祇遹著《紫山全集》，臺灣，商務印書館景印四庫全書本，民國 75 年。

八、孫楷第著〈元曲家考〉《元曲研究》第一冊，臺北，里仁書局，民國 73 年，甲編 5-8 頁。

九、元虞集著《道園學古錄》，臺灣，商務印書館景印四庫全書本，民國 75 年。

一〇、巴黎大學北京漢學研究所編《輟耕錄通檢》，北京，該所印行，1950 年。

一一、金元好問著《遺山詩集》，參見附註 4。

一二、清紀昀纂《欽定四庫全書總目》，臺北，藝文印書館，民國 58
　　　年。

一三、馮承鈞譯《馬可波羅行紀》，臺北，臺灣古籍出版有限公司，
　　　2003 年

　　　本稿發表於民國九十五年一月，國立戲曲專科學校《臺灣
　　戲專學刊》第十二期，21-46 面。

拾壹、藍采和雜劇研究的拾零

一、藍采和雜劇的本事（從略）

二、神樓　樂床

《藍采和雜劇》中，有關「神樓」與「樂床」的曲辭：

〔淨、王把色云〕：我方才開了勾闌（戲園）的門，有一位先生（道士）坐在『樂床』上，我便說道：先生你去『神樓』或是『腰棚』上那裡坐；這是婦女們『做排場』的坐處，他便罵俺！

〔末、藍采和云〕：老師父你去『腰棚』上看去，這『樂床』不是你坐處；這是婦女『做排場』在這裡坐。

以上兩段曲白，有「神樓」、「腰棚」、「樂床」、「做排場」四個元代戲班專用名詞；還有「先生」、「老師父」是元代人對「道士」的異稱。現在，根據我田野調查與出土文物發現資料，知道「腰棚」是普通觀眾席，沒有疑義。我推想藍采和戲班「梁園棚」，是一座「馬蹄形」的封閉式劇場，在曲白中有說：「既然他（指鍾離權）不出去；王把色鎖了勾闌門，我十日不開

門，直餓殺你這潑先生！」所以觀眾的席次是「腰棚」，面對舞臺。元代早期散曲作家杜善夫，填了一套散曲，稱〈莊家不識勾闌〉，描寫一個農人第一次到城市裡看戲，對陌生的劇場話說了許多新奇的心聲，這算是元代戲劇文化的重要文獻。他說：「咱入得門上個木坡，見層層疊疊圍圍坐；抬頭覰是一個『鐘樓』模樣，往下覰卻是人旋窩。……」木坡在「鐘樓」模樣與「人旋窩」之間，「木坡」是看位，「鐘樓」模樣又是另外一種看戲演出的地方；可能是「木坡」上層的隔間形式的小間，極為精緻的看臺，相當於現代「包廂」的位置。這種「棚式」的戲園已沒有遺跡可尋，「鐘樓」模樣的建築，在大陸北方許多城市，還保存「鐘樓」模樣的建築，在大陸北方許多城市，還保存「鐘樓」與「鼓樓」的建築。有「元人雜劇的故鄉」之譽的山西省，其運城市就有這兩座樓層，像臺北市北門「景福門」的樣子，是古代晨昏報時的訊號臺。

　　我曾看到許多戲臺的圖繪，多數是臨時性的高架草臺，其他則是山西省的元代廟宇戲臺，永久性的建築。廟臺對著廟門正殿，意味著演戲是酬神的。在廟臺旁有「觀臺」（現代當地的居民的稱謂）也許這就是「神樓」？「神樓」的遺蹟，在山西省臨汾市東羊村東嶽廟戲臺前，是元朝至元 5 年（1235 年）建的，戲臺前豎兩根小八角石柱，銘文：「本村施主王子敬、王益夫施石柱一條，眾社般載。元至元五年月日本村石匠王直、王三。」最重要的是這戲臺前附有一座「神樓」，建築形式呈凹字形三合院似的城樓，中間一通道，二重簷牌坊式的正門，臺上左右高栱單簷人字披頂四柱看臺，臺前有堞欄，底下券洞外通走道，結構十分堅固，非常美觀，是元代碩果僅存的一座「神樓」文物。它視

線遼闊，最適宜欣賞演劇，令人心曠「神」逸之處。

　　關於「樂床」是婦女「做排場」坐的地方，證明「樂床」是坐具，不是寢具。中國古代是席地而坐，在漢代還是如此，如管寧與華歆割席分坐。「椅子」是五胡亂華時而輸入的，當時稱為「胡床」，是中國開坐具之始。我的生活經驗，認為「樂床」是一張較大型的椅子，應稱是「杌子」，沒有靠背與扶手。以大陸武漢市為例，中上級的家庭的堂屋中央，便陳設一張「八仙桌」，桌子兩旁兩張「杌子」，一個大「香几」跨在桌椅上方，「香几」上擺飾文物古董。這「杌子」大約有 60 公分正方，相當於一張小型桌子，我童年放學回家，就將「杌子」搬到庭前寫字、做算術，夏天還有人將它搬在陰涼處喝茶飲酒聊天。現代考古出土文物發現，人類知識也跟著進步。元代戲臺是很狹窄的，如山西省翼城縣武池村喬澤廟戲臺最大也不過 93.3 平方公尺，最小的只有 27.5 平方公尺，臺後方有臨時搭蓋的蓆棚作後臺，供演員化妝休息。鍾離權亂坐位子，坐在婦女「作排場」的「樂床」上，想像那時代舞臺情形，「樂床」應該是一張舞臺上的「杌子」，希望戲曲史專家提出卓見推翻此說。

　　我曾看到一幅宋代佚名畫家「春遊圖」，畫面為一官員春遊，僕役數人侍候，擔著酒食器具隨行。其中一張高架拆摺圓椅，一把布傘，一張「杌子」，這肩揹杌子的僕人，面對「觀者」，杌面也面向觀者。這張杌子可能是代替桌子，臨時放置食器，一面飲酒，一面欣賞風景休閒。這張「杌子」當然是屬於「胡床」之類器具。「胡床」這名詞，一直延綿到宋代，在宋人如程大昌《演繁露》中還提到「胡床」二字。

三、作場　做排場

　　「作場」也稱「做場」，是廣義表演戲曲、曲藝、雜技的地方。宋・耐得翁《都城紀勝》云：「如執政廳牆下空地，諸色路岐人在此做場。」南戲《錯立身》云：「如今將孩兒（指班主女兒、主角）到河南府作場多日。」山西省洪洞縣導覺鄉廣勝寺水神廟明應王殿東壁，一幅元泰定元年（1324 年）演戲全體演員謝幕似的大壁畫，上方額題「大行散樂忠都秀在此作場。」忠都秀是這戲班的主角，唱老生的演員。還有山西省萬榮縣孤山風伯雨師廟，原有元大德 5 年（1301 年）戲臺一座，現已傾圮，殘存兩根八角形石柱，柱頂刻有「樂人張德好在此作場；大德五年三月清明施錢十貫」的銘文。這些資料都稱「作場」，其實就是「做場」演劇，「做」與「作」都是動辭。

　　「做排場」沒有甚麼值的往深奧的地方著想或考據。元雜劇中「做排場」，從他是在「樂床」上作的，顯然就是坐著；如認為「做排場」是作戲，那麼「樂床」就成為舞臺，鍾離權豈不是在舞臺中間賴著，那有這種道理？一齣戲上演，如何布置，如何掌握戲曲進行？從前舊劇有一種稱謂「看場子」的人，業界稱之「管事」者；先是怕伶人初演此戲場子不熟，以便臨場指導，暗示伶人如何作表。最近梅派青衣魏海敏，演出梅蘭芳傑作「生死恨」，魏海敏是梅蘭芳兒子梅葆玖的弟子，所以魏自稱梅派再傳弟子；她演此劇梅葆玖替她「盯場」，指導場上動作（各大報都曾刊載）。這「盯場」也許是新名詞？就是「看場子」管事先生。元雜劇「做排場」是不是這類似的運作？她坐在「樂床」上

監視演員在場上「作場」。

　　1978年山西省稷山縣馬村金代段氏十四座墓群，出土大量金代雜劇雕磚。其第5號墓有一塊舞臺的雕磚，分上下兩層，也許是前後兩排，前排是敷色的四個雜劇演員在演戲；後排是4個伴奏的樂人，頭戴東坡帽，身穿圓領的大袖袍，1人吹笛，1人吹篳篥，1人擊拍板，1人拱手端坐在旁，看來無所執事。根據《考古發掘報告》說：「此人可能是元雜劇，所謂『做排場』者。」這種「可能」正如我認為「做排場」坐在「樂床上意義相吻合。

四、千歲千歲　平交把盞

　　元人雜劇有許多「寫意」的場景，只是在曲白中說說罷了；但它對於飲酒卻很實際。《望江亭中秋切鱠旦》雜劇，是元大戲劇家關漢卿的作品，劇演楊衙內——宋元時期貴族子弟，因儒生白士中娶了譚記兒為妻，楊衙內便乘船到潭州要與白較量。途中遇上中秋節，僕人張千、李梢安排酒菓與楊衙內賞月飲酒。這折戲的曲白：

　　〔楊衙內云〕：既是你兩個不飲酒，也罷；我則自飲三
　　杯，安排酒菓過來。
　　〔張千云〕：李梢抬菓桌過來。
　　〔李梢做抬菓桌科云〕：菓桌在此，我執酒你遞酒
　　〔張千云〕：我兒釀滿著，〔做遞酒科〕大人，飲酒一
　　杯。

　　「科」在戲曲中就是動作、做戲。還有，我從前讀喬吉《杜牧之詩酒揚州夢》雜劇，牛僧儒敬杜牧的酒，唱【寄生草】曲

辭：「我央了十個『千歲』，他剛嚛了三個半口。」當年我也不知道「千歲」是甚麼？恐怕現在讀曲的人，也不知道是甚麼？我因研究藍采和五十生日的飲酒，才知道它是元代士庶飲酒的「平交把盞」，一句敬酒的謙辭。

　　元代社會對於飲酒是相當重視儀節的，在元至順年間（1335年間）刻本的《事類廣記》，有一幅蒙古官員宴飲圖；主客端坐正堂，左邊擺著菓子桌，下邊盛著一罈酒，僕役執酒遞酒；當下設花瓶桌，桌右有三個樂人演奏鼓、板、笛樂器助興，非常隆重。當時宴飲分為三類：一「大菜飯儀」、二「把官員盞」、三「平交把盞」，各種飲酒都有一套敬辭客套一番。以「官員把盞」為例：一人持酒瓶居左，一人執菓盤居右，並立主人後，主人敬酒必先嚐試酒溫，再勘滿跪獻，便說：「小人沒甚孝敬官人，根底拏一盞淡酒，望官人休怪！」。再說「平交把盞」：主人執壺盞，左右執瓶執菓子，斟酒畢，主人進前跪云：「哥每在這裡，小人沒有甚麼小心哥每，根底拿這杯淡酒。」客人還跪答云：「哥生受做甚麼？」卻推轉盞，勸主人先喫。主人又輪轉云：「小人別沒小心，只拿這盞淡酒，那裡敢先喫？」；客云：「哥每酒是好是歹？哥識者。」主人盡飲，呈過盞，再斟酒勸客，客接盞，如客不盡，主人將盤斜把云：「千歲，千歲！」待飲接盞同起；或客借盞回，再如前儀，或不勸，隨意。或再把盞或換盞並隨意。

　　「哥每」是蒙古語，即「哥們」，這段漢譯相當蒙古式的。「千歲」是表示再多喝一口。藍采和慶祝五十生日飲酒，要客人「直喫得簌簌的紅日西墜，炎炎的玉兔東昇」，要熱鬧的一整天，他們都是戲班親友，「平交把盞」無疑，《藍采和》雜劇，

有許多蒙古口語。

　　古代飲酒，在《論語》中，有「君子無所爭，必也射乎；揖讓而升退而飲，其爭也君子。」這是比射箭，先客氣讓對方先射，如果失靶，則敬酒一杯。現代人飲酒划拳，輸了的是罰酒，剛好與古代人禮儀相反。從前我們故鄉飲酒，講盡興，勸人多喝一口，說「高陞、高陞」。現代飲酒稱「乾杯」，目的要對讓對方醉倒出洋相，全不講禮儀！

五、看　錢

　　俗話說：要看拿「看錢」來，不能讓你白看！元杜善夫〈莊家不識勾闌〉散曲，這莊家漢說：「要了二百錢放過。咱入得門上個木坡，……。」便在「腰棚」位子上坐下，往下看是「人旋窩」的池子，站著看戲，想必看錢會少一些。「二百錢」大概是當年普遍消費，從下列三種雜劇中曲白看出來：

　　一、《范張雞黍》雜劇：小二哥打二百錢腦兒酒來，若沒有好酒，渾酒也罷。……小二哥還你二百文酒錢。

　　二、《酷寒亭》雜劇：打二百錢的酒篩作熱著，孔目自己吃。（「孔目」是元朝事務官）

　　三、《鴛鴦被》雜劇：兀那賣酒的，打二百長錢的酒來。

　　「長錢」是整串完好的銅錢，「短錢」就是有些破爛的銅錢。還有些實例，如元・元士元〈米貴詩〉：「去年避寇荒農天，今年捕寇無客船。江頭白米才一斗，索我三百青銅錢。」（元詩選）。賈仲明《錄鬼簿續篇》：「教坊總管喜年豐，斗米

三錢大德中」，與上述詩所敘述市價相同。「大德」是成宗鐵木耳時代，西元 1297-1307 年。元朝的幣制很複雜，世祖忽必烈「中元寶鈔」：分十文、二十文、三十文、五十文、一百文、兩百文、五百文；千文稱「貫」，二貫二千文共九種，不限年月，諸路通行，賦稅並廳收受。山西省萬榮縣稷王廟現存一座元代舞臺，臺柱中心橫嵌一塊小石碑，刻著「今有本村□□□等謹發虔心，施其寶鈔二百貫文，創建修蓋舞廳（即臺）一座」；同縣「樂人張德好在此作場。大德五年三月清明，施錢十貫」石柱，都是案例。

看戲，大概是演「院本」、「雜劇」，收二百錢的看錢；如果看「瓦舍雜技」就比較便宜些。韓國《朴通事諺解》，這部書是韓國商人來元朝貿易，學中國話的讀本，其中諺解許多事，如辦喪事唸經等等，可見其廣。現在，將看雜技表演的「看錢」，茲錄於後：

> 勾闌裡看雜技去來○去時怎麼得入的○一個人與他五個錢時放入○……我沒錢怎麼好○不妨事○我有零錢○我管饋你○（韓國奎章閣叢書本）

一本專門研究元代戲班生活，及風土人情的書，它枝枝節節，當然不僅提到這幾點而已。……就此擱筆，別浪費讀者寶貴的時間了！

本文發表於民國九十八年，國立臺灣藝術教育館《美育》雙月刊，第 169 期 86-90 面。文中「緣起」、「緣落」一則，移作代序。